打开黑箱看科学

科学人文领路人

刘思扬 李 斌 编

中原出版传媒集团
中原传媒股份公司

大象出版社
·郑州·

图书在版编目(CIP)数据

打开黑箱看科学 : 科学人文领路人 / 刘思扬, 李斌编. — 郑州 : 大象出版社, 2022. 7(2024. 2 重印)
(中外科学家传记丛书 / 王大明, 刘兵, 李斌主编)
ISBN 978-7-5711-1480-0

Ⅰ. ①打… Ⅱ. ①刘… ②李… Ⅲ. ①科学家-列传-世界 Ⅳ. ①K816. 1

中国版本图书馆 CIP 数据核字(2022)第 097121 号

中外科学家传记丛书

打开黑箱看科学 科学人文领路人

DAKAI HEIXIANG KAN KEXUE KEXUE RENWEN LINGLUREN

刘思扬 李 斌 编

出 版 人 汪林中
项目策划 李光洁
项目统筹 成 艳 陶 慧
责任编辑 杨天敬 易东升
责任校对 张绍纳
装帧设计 王莉娟

出版发行 大象出版社(郑州市郑东新区祥盛街 27 号 邮政编码 450016)
发行科 0371-63863551 总编室 0371-65597936
网 址 www. daxiang. cn
印 刷 河南瑞之光印刷股份有限公司
经 销 各地新华书店经销
开 本 890 mm×1240 mm 1/32
印 张 6. 25
字 数 134 千字
版 次 2022 年 7 月第 1 版 2024 年 2 月第 2 次印刷
定 价 23. 00 元

印厂地址 武陟县产业集聚区东区(詹店镇)泰安路与昌平路交叉口
邮政编码 454950 电话 0371-63956290

总 序

马克思和恩格斯合写于19世纪40年代的《共产党宣言》中，曾有这样一段生动的描述："自然力的征服，机器的采用，化学在工业和农业中的应用，轮船的行驶，铁路的通行，电报的使用，整个整个大陆的开垦，河川的通航，仿佛用法术从地下呼唤出来的大量人口——过去哪一个世纪料想到在社会劳动里蕴藏有这样的生产力呢？"马克思和恩格斯说的那一切，还不过是19世纪的景况。到了21世纪的今天，随着核能、电子、生物、信息、人工智能等各种前人闻所未闻的科学技术的飞速发展，人类社会面貌进一步发生了翻天覆地的甚至马克思那个年代都无法想象的巨变。造成所有这一切改变的最根本原因，毫无疑问，就是科学技术。而几百年来，推动科学技术发展的直接力量，就是一大批科学家和技术专家。

中国是这几百年来世界科学技术革命和现代化的后知后觉者，从16世纪末期最初接触近代自然科学又浅尝辄止，到19世纪中期晚清时代坚船利炮威胁下的西学东渐，再到20世纪初期对"德先生"和"赛先生"的热切呼唤，经过几百年的尝试，特别是近几十年的努力，已逐渐赶上世界发展的潮流，甚至最近还有后来者居上的势头。例如，中国目前不但在经济总量上居于世界第二的地位，而且在科学研究的多个前沿领域也已经名列国际前茅。最可贵的是，中国已经形成了一支人数众多、质量上乘的科研队伍。

利用科学技术来推动社会经济的发展，中国已经尝到了巨大甜头，科学技术是第一生产力的观点深入人心。从政府到民间，大家普遍关心如何进一步落实科教兴国战略、推动创新促进发展，使中国在科技创新方面更具竞争优势，培养和造就出更多的科技创新人才，使中国在现代化道路上能走得更长远、更健康。

为实现上述目标，一方面需要提高专业科学研究队伍的水平，发扬理性思考、刻苦钻研、求真求实、勇于创新的科学精神；另一方面也需要增强和培育整个社会的公众科学素养，造就学科学、爱科学，支持创新、尊重人才的文化氛围。这套“中外科学家传记丛书”的编辑和出版，就是出于这样的考虑。

通过阅读和学习科学家传记，一是可以更深刻地理解科学家们特别是那些在重大历史转折关头做出了伟大贡献的科学家的科学思想和创新方法，二是可以更鲜活地了解到科学家们的科学精神和品格作风，三是可以从科学家们的各种成长经历中得到启发。

本丛书所收录的 200 多位中外著名科学家（个别其他学者）的传记，全部都来自中国科学院 1979 年创刊的《自然辩证法通讯》杂志。该杂志从创刊伊始就设立了一个科学家人物评传的固定栏目，迄今已逾四十年，先后刊登了 200 多篇古今中外科学家的传记，其中包括文艺复兴时期的欧洲科学家、远渡重洋将最初的西方近代科学知识带到中国的欧洲传教士，当然大部分都是现代科学家，例如数学领域的希尔伯特、哈代、陈省身、吴文俊等，物理学领域的玻尔、普朗克、薛定谔、海森伯、钱三强、束星北、王淦昌等，以及天文学、地学、生物学、计算机科学和若干工程领域的科学家。值得指出的是，这些传记文章的作者，大都是在相关领域学有专长的专家学者。例如：写过多篇数学家传记的胡作玄先生，是中国科学院原系统科学研究所的研究员；写过多篇物理学家传记的戈革先生，是中国石油大学的物理学教授；此外还有北京大学、清华大学、上海交通大学、中国科技大学等多所国内著名大学的教授，以及中国科学院、中国医学科学院和中国科技协会等研究机构的专家。所以，这些传记文章从专业和普及两个角度看，其数量之多、涉及领域之广、内容质量之上乘、可读性之强，在国内的中外科学家群体传记中都可以说是无出其右者。

考虑到读者对象的广泛性，本丛书对原刊物传记文章进行了重新整理编辑，主要集中在如下几个方面：一是在总体设计上，丛书共分 30 册，每册收录 8 篇人物传记；二是基本按照学科领域来划分各个分册；三是每分册中的人物大致参考历史顺序或学术地位来编排；四是为照顾阅读的连续性，将原刊物文章中的所有参考资料一律转移到每分册的最后，并增加人名对照表。

当前，中国正处在从制造大国向创造大国转变、急需更多科技创新和科技人才的重要历史时刻，希望本丛书的出版对于实现这个伟大目标有所裨益，也希望对广大青少年和其他读者的学习生活有所帮助。

目录

001
洪堡　19世纪伟大的科学家和科学组织者

027
贝尔纳　他和他的科学政治学

051
默顿　“科学社会学之父”

077
帕拉塞尔苏斯　新科学运动的领袖与怪杰

101
内森·罗森伯格　“探索黑箱”的先驱者

113
H. 西蒙　为自然科学和社会科学结合而奋斗的杰出学者

141
昂萨格　何以能成为跨学科创新大师？

157
贝塔朗菲　人文系统理论的先驱者

179
参考资料

184
人名对照表

洪堡

19 世纪伟大的科学家和科学组织者

亚历山大・冯・洪堡

（Alexander von Humboldt，1769—1859）

对于像亚历山大·冯·洪堡这样一位旅行家、探险家、科学家和伟大的科学组织者，我们很难用几句话就把他的形象勾勒出来，然而德国伟大诗人歌德却只用了一句话就完成了这项任务，他说：洪堡是一只真正象征科学丰收的羊角。

金子般的童心

1769年9月14日，洪堡出生于柏林。他的父亲乔治·冯·洪堡是弗雷德里克大帝的皇太子之妃的内侍长官，沉闷的宫廷生活迫使他向大自然寻觅乐趣。他在柏林市郊环境优美的地方建了座别墅——泰格尔私寓，从国外运来树苗和花卉种在泰格尔庭院中。泰格尔的前庭与一条蜿蜒的绿荫小道相接，小道尽头是一个被百年巨树、芦苇和沙滩所围成的大湖。每年春末夏初，各种候鸟结队飞来此地栖息，生机盎然，奥秘无穷。洪堡常随父亲和哥哥威廉·冯·洪堡到此地狩猎，受到大自然陶冶。自然界成了他的第一个课堂，他尽情采集他还不知名的怪石和植物，放进他的“知识囊”——木箱中，运回家后根据想象把它们分类保存起来。

10岁时，洪堡的父亲去世了。从此他和哥哥要在一种较为严肃的环境中接受家庭文化教育。他的母亲原是冯·科隆的遗孀，受过严格的教育。她思想保守，行动规范、正统，不允许家庭生活有较大的改变；她希望洪堡学经济，要求威廉学外交，以备有朝一日跻身普鲁士王家和政界。洪堡感受到来自母亲的压力。

洪堡的启蒙教师肯普接受了卢梭的教育思想，懂得“儿童就是儿童”这条原则，在教学方法上多采用启发式教育，较少强迫儿童过早接受不适当的知识。他无形中起到调解洪堡和他母亲的紧张关系的作用。肯普是《鲁滨孙漂流记》的德文版译者，他善于讲授《圣经》中关于远古时期热带王国的故事。洪堡在后来的《旅行记》一书中回忆他的童年时说道：“我从最年轻的时候就开始渴望到欧洲人很少访问过的那些遥远地方旅行……看地图和读旅行书时常会引起一种不可遏制的神秘的想象力，似乎我与遥远的地方和事物建立了一种形影不离的联系。每当想到我可能被迫放弃看到在南半球上空闪烁的光辉星座的一切希望时，我的心总不免阵阵发痛。”

1785 年，洪堡拜植物学家维尔德诺夫为师。维尔德诺夫在林奈分类法基础上加进了热带植物和极地植物，第一次区别了中欧和地中海植物的形态，已在国际上崭露头角。他给洪堡讲授了林奈植物分类法和维尔纳矿物分类法，并介绍了维尔纳的大陆水成论假说。

洪堡又拜物理学家赫兹为师，向他学习了电学和磁学。他在赫兹指导下在自己的住所泰格尔装上了避雷针。这是在普鲁士出现的第二根避雷针，第一根是格廷根大学在数年前安装的。

学生时代，欧洲旅行

1787 年 10 月，洪堡兄弟两人进入奥德河畔法兰克福大学，洪堡攻读经济，威廉攻读法律。翌年，威廉转入格廷根大学，洪堡因病辍学回到柏林，其间与维尔德诺夫的交往更加密切了。维尔德诺夫认为，植被是受地理和气候条件制约的，地理气候的改变会引起植被的变化。这就是他的植被地理学的主要观点，对洪堡产生了较深的影响，以致他后来发现山区植物随高度而变化的规律。

洪堡在柏林得知卡文迪许发现了水的化学成分，赫舍尔发现了天王星，索绪尔登上了勃朗峰，赫顿提出了火成论学说，他深感形势逼人，不待身体痊愈就在 1789 年复活节到格廷根大学就读去了。格廷根大学创建于 1737 年，生物学家海涅、比较解剖学家卢门巴赫和物理学家利希滕贝格先后在这里任教。其中对洪堡影响最大的是卢门巴赫，他创设了人种标本博物馆，与“非洲学会”的联系为学生参加非洲考察提供了可能。与洪堡一道慕名而来的有未来的数学家奥尔特曼斯，他后来曾与洪堡合作测量过柏林的地磁要素；有未来的汉诺威王奥古斯特，后因迫害格廷根“七君子”而臭名昭著；还有未来的伦敦皇家学会会长萨塞克斯公爵。他们中没有任何人像洪堡那样深刻地认识到涉及当时地质学的一场大论战的实质。以维尔纳为代表的水成论认为，大陆是由于水中物质的沉积而形成的。英国地质学家赫顿在 1785 年提出火成论假说，向维尔纳提出了挑战。这时有些人却提出十分幼稚的问题，如金字塔是火山的奇迹，又如火山地带的人民更富于造反精神，等等。洪堡对此做了批判。

对洪堡影响最深的另一个人物是普鲁士籍波兰探险家福斯特，他曾随库克进行过环球航行，回到英国后发表了轰动一时的《世界航行》。他虽然未在格廷根大学任教，但因与利希滕贝格创办了《格廷根科学和文学杂志》，而被视为格廷根的一颗新星。1790 年春，洪堡取得福斯特信任，跟他进行了一次欧洲旅行。他们经低地国家（荷兰、比利时）到达敦刻尔克，洪堡在那里第一次见到了大海。洪堡沿途对自然环境、土地和农产物，以及文化遗迹做了细心观察，显示了综合考察能力。洪堡综合考察的基础是福斯特的方法论。福斯特在一篇关于面包果树的论文中指出，只有通过研究各学科的边缘状况和考察各不相同的现象的联系，才能揭示整个自然界的基本规律。福斯特在人种学上一反 18 世纪的人种学家倾向于认为凯尔特人最优越的观点，认为在社会发展中，人种是一个较小的影响因素，人类文化的发展是各种历史因素相互作用的结果。这种朴素的唯物史观对洪堡有较深的影响，成为后来洪堡对印第安人考察的重要根据。

1790 年 6 月，他们到达伦敦。洪堡在那里访问了英国植物学家班克斯，参观了他的植物园。他考察了英国的地层结构、矿井、农产品及羊毛的差价。1790 年 7 月中旬，他们回到欧洲大陆，在美因兹分别了。福斯特是法国大革命的赞助者，1793 年他作为上莱茵地区的代表参加了巴黎国民议会，不幸于翌年 1 月 10 日病故于巴黎。洪堡也热情歌颂过法国大革命，1789 年 7 月 14 日巴黎民众攻陷巴士底狱的情景还历历在目。但他无论什么时候也不会让政治热情干扰他的科学方向。他对福斯特的早逝感到惋惜，他失去了一位朋友和尊敬的老师。

由学生到矿井经理

回到德国后，洪堡很快就进入弗赖堡矿业学院学习地质学去了。这所大学虽小，但由于维尔纳在那里担任院长而颇具名气，欧洲许多地质学家慕名而来。维尔纳的矿物分类法是历史上第一个矿物分类法，他的水成论则是建立在100万年前地球是水的世界和大陆是海水沉淀或沉积的结果这样两个假设的基础上的。尽管他不信上帝，而多少有点倾向于自然神论，但由于他的假说与《圣经》中关于洪水创造万物之说颇为相似，因而他获得了不少支持者。由于受到水成论的影响，洪堡很自然就接受了居维叶的“灾变学说”。应该说明的是，洪堡经过南美洲考察后就抛弃了居维叶的“灾变学说”。

1792年初，洪堡完成了学业，来到上法兰科尼亚担任矿井经理。他负责的矿井仅在一年中金矿的产量就超过了前8年的总产量，获得了良好信誉。其间，他发明了矿井安全灯和解窒息装置。他认为，工人们辛苦劳动应该得到某种生活或文化的补偿。1793年3月，他出钱办了一所矿工业余学校，并亲任主讲老师。普鲁士矿业部部长对此极为满意，决定拨款补偿洪堡的损失。洪堡拒绝了，他建议最好把这笔钱分配给那些积极协助办学的工人。

洪堡在那里还研究了地下植物和矿层结构，他发现地衣有一种特殊的光合机能，能在不见光的地方仍然产生叶绿素。因为这项研究，他获得了一枚金质奖章。他还发现菲希特尔山的蛇纹岩具有磁性，但其感应极性正好与铁磁体的相反，且不发生相互吸引或排斥作用。从现代理论来看，蛇纹岩是一种强抗磁体。

1795—1796年，洪堡到意大利进行了一次地理和植物考察，他在经过意大利北部平原和阿尔卑斯山时发现，植物的形态随高度有很大的变化。他将植物和气象随高度的变化联系在一起，在原有的二维气象学的基础上发展出三维气象学理论，指出植物和气象随海拔高度的变化正如随纬度的变化一样，这在后来就成了植物形态地理学的一条基本定律。

1796年秋，洪堡母亲去世了，他继承了价值95000泰勒的遗产。他算得上一位百万富翁了！洪堡从此不仅经济上的独立了，而且也从母亲的束缚下解放了出来。1797年2月洪堡辞去公职，从此成为一名全凭自己的金钱进行研究的科学家。美好而崇高的理想驱使他去寻找机会奔向还未被科学开发的新领域。

寻找通向新世界的道路

1797年，当易北河冰雪消融时，洪堡到耶拿拜访了德国大诗人和自然哲学家歌德，从此与歌德建立了终生友好关系。他们讨论了共同关心的问题：地质和植物形态学。歌德十分推崇这位博学多识的年轻朋友，他在给K.奥古斯特的一封信上说："他（指洪堡）的兴趣特别广泛，令人激动。我们用8天时间也学不完他在一小时内讲授的知识。"在耶拿稍事停留后，洪堡与歌德到达德累斯顿，在那里进行了地质、地磁和天文观测。7月25日，洪堡单独经布拉格前往维也纳。在洪堡看来，维也纳最迷人的地方不是它的"音乐之都"（洪堡不喜爱音乐，他把音乐视为"社会的灾难"），而是它的薛恩布隆植物馆。凯塞·弗朗兹一世和二世组织的六次远征，为该馆采集了大量西印度群岛的植物标本，这引起了洪堡对南美洲和中美洲的向往。

10 月 26 日，洪堡到达萨尔茨堡，在那里测量了纬度，并通过化学分析发现大气中氧的浓度随高度而降低的现象。他在这里接到英国布里斯托尔勋爵的来信，邀请他陪同考察埃及。洪堡考虑到当时英法战争已经封锁海面，经英国到西印度群岛已不可能，于是他就取消了西行计划，接受了邀请。他给皮克蒂的信上说："我可能被指责与这位显贵合作，他是怪物中的怪物，我只见过他一面……我已意识到与他保持和平是不可能的。但我开支自己的旅费，我能保持独立而不至于冒任何风险，如事出不料，我便离开。况且他还是一位才子，良机不可错过。"

不幸的是，当洪堡在 1798 年 4 月底到达巴黎后就听说拿破仑在米兰逮捕了布里斯托尔勋爵，指控他犯了间谍罪。洪堡的东方旅行方案因此破灭。他在巴黎停留下来，以寻找新的机会。他在巴黎结识了拉普拉斯、拉格朗日、贝托莱、居维叶、阿拉戈和阿羽衣等著名人物。阿羽衣是矿物学家和晶体学的创始人，维尔纳曾在自己的矿物分类法中加进了他的晶体学的内容。洪堡与阿羽衣讨论了火山起源的问题，从此开始扭转了对水成论的认知。他在巴黎还协助德朗布尔精确测量了巴黎的经度和子午线长度。以巴黎子午线长度的四千万分之一作为 1 米的规定，就是依据他们这次精确的测量数据来的。

从麦哲伦和德雷克时代开始，航海家们一直没有停止过寻找南极的努力，可是不论是英国的库克还是法国的拉佩鲁斯，都未能找到南极海岸。现在，被誉为“法国的库克”的老船长布干维尔受命组织一次规模更大的环球航行，目的是寻找南极的大陆架，以打通可以接近南极大陆的安全航线。这次航行将由年轻的博丹船长指挥。布干维尔建议洪堡参加这次航行，并将自己15岁的儿子托付给他，好让他经受一次海浪的洗礼。希望再次出现在洪堡眼前，可竟又破灭了。拿破仑不惜万金，发动了对埃及的征战，法国政府无力开销这次航海经费，计划被搁置起来了。

虽几经挫败，洪堡仍然信心满怀。这时他有幸结识了青年植物学家邦普朗。邦普朗跟洪堡一样，因为博丹的航海计划的推迟执行而被迫逗留在巴黎。共同的志向使他们走到一起，新的计划在他们之间酝酿出来，他们将依靠自己的力量到达新大陆。洪堡愿意承担一切费用，他将是邦普朗自然的领导，而邦普朗则是他忠诚的朋友。1798年10月20日，他们不辞而别地离开了巴黎，人们不知道他们将要奔向何方。

在新大陆的科学考察和探险

洪堡和邦普朗翻过比利牛斯山脉，经巴塞罗纳和帕伦西亚，于1799年2月23日到达马德里。西班牙沿海的地中海式气候和其中部的大陆性气候，对许多人来说还是一个不解之谜。而洪堡沿途考察表明，其原因在于西班牙海岸低洼而其中部实为一个独立的高原。

洪堡在马德里见到了卡洛斯四世，向国王陈述了他的南美洲考察计划，他能讲流利的西班牙语，博得了国王的欢心，遂同意为他们签发护照。作为对西班牙政府的报答，洪堡答应为马德里博物馆收集植物和矿物标本。1799 年 6 月 5 日，这在洪堡的奋斗史上是划时代的一天，他跟邦普朗登上了“皮察罗”号巡洋舰开赴南美洲，开始了长达 5 年的美洲科学考察和探险活动。出发前他在给弗赖斯莱本的信上说：“人应当只为美好和崇高的目标奋斗！”美好和崇高，是他的精神世界的两大要素，也是他追寻自然现象的最终目标。在他看来，人应当这样造就自己，至于其他一切小事则可让命运来安排。

“皮察罗”号停泊的第一个口岸是加纳利群岛的特内里夫岛。该岛位于北纬 28 度，虽处于亚热带，却属于热带气候。洪堡选择这个地方考察了超过雪线的高山——泰德峰植物随高度变化的规律。考察结果证明，他在阿尔卑斯山发现的在同一纬度上植物按高度区分为若干种类型的规律是正确的。他将泰德峰划分为热带植物区、亚热带植物区和温带、寒带和高山五个植物区。泰德峰是座刚平息的火山，高 3703 米。洪堡登上此峰，胜景尽收眼底，岩浆带着刺鼻的硫黄烟味顺势流下，蓝色的火苗跳跃着。洪堡尽情享受着大自然的这种恩赐，感受到从未有过的欢乐。他掘开表土，发现玄武岩表面还有一层斑状页岩和黑曜岩石。他终于找到了玄武岩是火山的产物的证据，从而由水成论转向了火成论。

洪堡发现加纳利群岛属于年轻的地质结构，它虽然位于伊比利亚半岛和非洲西北部的毛里塔尼亚之间，但还没有迹象表明它是已经“沉沦”的“大西洋洲”的一部分。但根据斯特拉波的推断，很早以前欧、非两洲被“大西洋洲”连成一块。当洪堡乘“皮察罗”号从圣克鲁斯出发沿哥伦布走过的航线向西航行时，他就找到了驳斥古代民族通过陆路实现洲际迁移的根据。因为他发现了一条由新大陆流向亚速海的洋流，哥伦布曾经报道他发现两具印第安人尸体随此洋流漂向东方的事实，华莱士也曾发现爱斯基摩人乘独木舟由另一条洋流漂到英国北部的奥克尼群岛。这些事实足以说明古代民族的洲际迁移是通过洋流来实现的。显然，用以支持民族经过陆地实现洲际迁移的“大西洋洲”之说是不足为据的。

7月16日，洪堡到达委内瑞拉的库玛纳。现在他真的进入《圣经》所说的南国异邦了，他看到的是伸向海岸的茂密的阔叶林、蜘蛛网式的藤……洪堡在这里得到了自然的启示而总结出：热带植物比寒带植物具有更强的群居性，虽然物种间强烈争夺着有限的空间，但充沛的阳光和肥沃的土壤，又使它们保持着高度的平衡。

他们在库玛纳以南的卡里佩附近发现了一个洞穴，里面栖息着数百万只名为油鸱的鸟。这种鸟体形如鸽，虽是日鸟，但却习于夜间外出觅食。每逢中夏，土著人以此鸟为食，从它们身上提取油脂。洪堡这一发现引起了欧洲学者的兴趣，后人纷至沓来。1959年在纪念洪堡逝世百年时，委内瑞拉政府将该洞列为“洪堡国家纪念馆”，油鸱鸟也得到了保护。

洪堡考察库玛纳地质时发现，该地岩石主要有页岩和石灰岩，其表层岩貌与欧洲的相似，然而却是一个地震和火山多发地带。其海岸犬牙交错，无数小岛像从大陆上撕开的碎片，星罗棋布地镶嵌在锯齿形的海岸边沿。他由此推断南美洲属于年轻的大陆，是火山的产物。他后来考察安第斯山和墨西哥时就更加确认地壳下面有大量弹性岩浆，美洲的并行山脉造成的压力将继续迫使岩浆喷出，形成新的岩层。

11 月 18 日，洪堡乘船前往加拉加斯，在西里亚角和拉布雷角看到石油浸出海面，有的地方达数千英尺（1 英尺约等于 0.3 米）之宽。他断言委内瑞拉将是一个富庶之国。月底他到达了加拉加斯，在那里进行了两个半月的考察。当时的加拉加斯仅有 4000 人口，现在已变成 200 余万人口的重镇。它是洪堡当年考察奥里诺科河的起点。后来许多洪堡的信徒像香客一样，从这里出发去重走洪堡所走过的道路。

1800 年 3 月 27 日，洪堡和邦普朗到达阿普雷河，从那里泛舟而下直达南美洲第三大河——奥里诺科河。这里丛林中美洲虎时而出没，沙滩上成群的巨鳄懒洋洋地躺着，有的竟有 22 英尺长，水中鹤类亭亭玉立，空中鹦鹉飞翔。他们逆奥里诺科河而上（向南），然后转入该河的支流阿塔巴波河，经过一段陆路跋涉到达亚马孙河的支流内格罗河，5 月 7 日到达这次旅程的最南端的圣卡洛斯。该地是葡属巴西的边镇。由于里斯本和马德里极度对立，在他们到来之前巴西政府就已张榜捉拿他们。5 月 10 日，洪堡被迫离开圣卡洛斯，取道卡西基亚雷运河，于 23 日回到奥里诺科河上，在那里顺流北上；7 月 10 日到达玻利瓦尔城，在那里停留了一个月（因邦普朗患热病卧床不起），最后在 9 月 1 日步行回到库玛纳，完成了行程为 6443 英里（1 英里约等于 1.6 千米）的奥里诺科河流域的考察工作。他们总共收集了 12000 多个植物标本，命名和分类了 1400 余个。

在奥里诺科河流域居住着食土的印第安人，这引起了洪堡的注意。他们用黏土做成小球，烤干后堆成一堆，形如小金字塔，每逢洪水泛滥无以为食时，就以土球糊口。经化验，该土成分多为二原子结构的无机物。洪堡认为土本身并无营养，不过可以刺激胃液分解，以提供人体所需最低热量。他还发现这些印第安人学会了用鳄脂来防止便秘。

洪堡在内格罗河发现印第安人常身带由绿石做成的护身符，上面刻有怪诞的图案，而这些印第安人却居然不知道这些图案是怎样刻上去的。洪堡由此判断印第安人曾有过灿烂文化，只是由于欧洲人对他们的恣意屠杀，才致使这种工艺失传。他进而推断，很早以前这里曾有过组织完善的母系社会。内格罗河两岸的象形文字和实物的壁刻更引起了他的联想，壁刻高悬于河岸，从下无法登临，从上也无法接近。他认为那是内格罗河水位很高时印第安人留下的杰作。他由此得出结论：印第安人曾有过很长的史前文明，他们的才智并不低于欧洲白种人。

1800年11月24日，洪堡和邦普朗乘船离开巴塞罗那，从此再也没有回到委内瑞拉。12月9日到达哈瓦那。洪堡对古巴的资源、经济和政治进行了综合考察。欧洲人在哈瓦那转卖非洲黑奴激起了他的无比义愤。他从古巴政府档案馆查获：仅在1786年以前的106年中，英国殖民者就从古巴运走黑奴2130000人！

他们从巴黎发来的邮件得知，博丹船长已率船队启航，预计一年后绕过合恩角到达南美洲太平洋沿岸。洪堡决定从速赶到利马迎接船队，以便从那里到印度和菲律宾等地。在前往利马途中，洪堡他们有时被蚊虫咬得无法安身，被迫成天泡在水里或埋在沙里，有时徒步登山，历尽艰险。他们发现土著人用金鸡纳树汁来治疗热症。他还采集了这种树皮带回欧洲，金鸡纳树便引起了药物学家们的注意。洪堡在波哥达还发现了盐矿、煤田和一种被当地人称为“巨人骨”的柱牙象的骨骼化石。在他们穿越艰险的马格达莱纳山谷原始森林时，洪堡拒绝像以往白人官员那样骑在印第安人背上过去，而要坚持步行。他愤慨抨击：野蛮者不是印第安人，而是白人！他们还跨越了到处是陷阱、沼泽、令人丧魂落魄的帕斯托高原。

1802 年 1 月 6 日，洪堡到达基多，在那里停留了半年。这并不是因为基多总督对他特别热情，也不是因为罗莎小姐对他的迷恋（洪堡终生未娶），而是因为安第斯山脉深深地吸引着他。在洪堡看来，安第斯山脉是一架天梯，在这架天梯上各层的气候、温度、土壤和生态都有所不同。如果它正好有 90 个级阶的话，它的每一级阶正好对应于地球的一个纬度，那么从山麓到山巅我们就可以看到从赤道到极地之间的所有植物。洪堡在此基础上提出了等温线的概念：在同一等温线上，不仅温度相等，而且植物形态也相同。洪堡认为，温度对于植物的形态有着重要的影响，太阳热、地热和有机能的相互作用，便构成了有机界的宇宙图像。洪堡就这样在植物地理学的基础上形成了他的宇宙论思想。

洪堡在基多获悉博丹船队不再绕合恩角，而将绕好望角东行。他并未因此失望，因为钦博拉索山给他提供了新的希望。1802 年 6 月底，他到达该山的 19256 英尺的高处，主峰已经在望。可惜，一条深达数百英尺的冰谷阻断了他的去路，无法登临主峰（高20577英尺）。即便如此，他还是创造了他有史以来的最高纪录！

接着，洪堡到达了印加人文化遗址——里奥邦巴，在那里找到了16世纪以前的经典抄本。该抄本中记有火山爆发的情况和印加人的历法。他们的历法与中国西藏人的历法颇为相似，洪堡由此认为印第安人文字很可能起源于亚洲。他在《旅行记》一书中写道："我认为西方美洲人和东方亚洲人先前曾有过交往，这不仅仅是一种可能，虽然现在还无法说清是通过什么路线和与亚洲哪些部落建立起这种影响。"在这个分析基础上，他雄辩地批驳了关于有色人种是低等人种的说法，他说："皮肤色的黑暗不是低级的标志……民族的野蛮是内部专制和外部征服的直接结果。"

1802年10月23日，洪堡到达利马，这是他们在南美洲到达的最南边的一站。他在那里第一次看到了太平洋。他用天文方法测量了利马的经度，并在11月9日观看了水星凌日。他在利马的最大收获是发现了鸟粪，当地农民用来改良土壤。洪堡将鸟粪样品带回巴黎，经沃克兰化验证明，鸟粪中含有大量磷、氮元素，1吨鸟粪可顶33吨农家肥。此后欧洲竟掀起了一场鸟粪热，仅1844年，英国就从那里运走上万吨鸟粪。美国鸟粪商接踵而至，大发其财。

1802年12月5日，洪堡和邦普朗从卡亚俄出发前往墨西哥。洪堡发现秘鲁近海一股寒冷的洋流滚滚向北，他测量这股洋流的温度和流速。后来这个洋流被取名为"洪堡洋流"。1803年3月25日，洪堡到达阿卡普尔科，在墨西哥进行了一年综合考察。他发现，濒临太平洋和墨西哥湾有两条狭长的火山带，他认为地壳在这里有两条裂口，东、西马德雷山脉正是由从这里喷射出的岩浆堆积而成的。

1804 年 1 月 20 日，洪堡随着满载着矿石和植物标本、阿兹特克人的雕刻品及笔记本的车辆告别了墨西哥城，取道普埃布拉奔向韦拉克鲁斯港。他决定先到美国拜访杰斐逊总统，然后再返回欧洲大陆，而不再前往菲律宾等地。他给德朗布尔的信中说："至于菲律宾，我已经暂时放弃了它……我急盼先将探险结果发表出来，希望明年尽早与你合作。人的职责是寻找能够使他更好服务于他这一代人的生活位置。"为了确立这种位置，他需要宣传，需要赞助。他到美国的原因正是出于这种目的。

1804 年 3 月 7 日，洪堡一行乘船离开韦拉克鲁斯，经哈瓦那于 5 月底到达费城，他在那里给杰斐逊总统寄去一份南美考察纪要。当时新西班牙政府向美国提出了领土要求，希望能获得直至雷德河源头的塞宾河流域。杰弗逊总统急需洪堡提供关于那个地区的政治、人口构成、矿藏和物产的咨询意见。总统在 5 月 28 日给洪堡的回信上说："先生，我昨天接到你 24 日的函件，我恭贺你经过如此艰险的旅行后健康地到达这里……恕请接受我对你的崇高敬礼和敬意。"

洪堡在美国 6 个星期，有一半时间跟杰斐逊总统在一起度过。他们就泛美问题和巴拿马运河的开凿问题交换了意见。洪堡主张美洲最好按语言划分为三大独立体系：（1）盎格鲁－撒克逊语系，包括美国和加拿大；（2）葡萄牙语系，主要是巴西；（3）西班牙语系，除上述三国外均属这个体系。洪堡在美国还参观了芒特弗农，拜谒了华盛顿陵；后又访问了富兰克林旧居，并在费城哲学学会做了讲演。

1804年7月9日，洪堡满怀喜悦地离开了美国，他的航船向着法国彼岸驶去。

第二故乡——巴黎

1804年8月1日，洪堡在船上看到了长满葡萄树的波尔多的山巅。这年法国葡萄又获丰收，大桶大桶的葡萄被送进酿酒厂。如醉如痴的法国人或为拿破仑加冕干杯或为拿破仑行将走进地狱痛饮。在欢乐的波尔多，洪堡的思想早已飞向巴黎；同时，他为邦普朗与他的分离感到难以忍受的痛苦。

还在返回欧洲的路上，洪堡就被选为法国科学院通讯院士。他的到来使巴黎科学界沸腾起来，巴黎人像迎接英雄一样把他接进了凯旋门。他在10月14日给时任普鲁士驻意大利大使的哥哥的信上说："我的名声比过去传播更广了……科学院所有成员已经审察我的绘画和标本。他们公认我对每一领域做了如此彻底的研究，仿佛是单项突破那样。就连最反对我的贝托莱和拉普拉斯，现在对我的热情也超过了任何人。贝托莱最近称道：'此人已将整个科学院团结在他的周围。'……总之一切顺利，每当我举行讲座，国家研究院总是座无虚席。"

洪堡在出征美洲前未能见到拿破仑，现在总算见到了。出乎他意料的是，他从拿破仑那里不但未能获得赞助，反而遭到了奚落。1804年12月，在拿破仑登基后的一次招待会上，拿破仑当着满朝文武官员对洪堡说："先生，你懂植物学，我夫人也懂植物学！"说完转身就走开了。1810 年，拿破仑有一次竟以洪堡是普鲁士间谍为借口，责令 24 小时内将他赶出巴黎。拉普拉斯和沙普塔尔当即出面力劝收回成命，说明洪堡在巴黎是为了出版他的旅行著作，这才避免了一场风波。使人们不解的是，拿破仑身兼法国科学院院士，他曾经热情欢迎过电池发明者、意大利物理学家伏特，又曾亲自授予英国科学家戴维"伽伐尼电奖金"，他还是埃及科学院的奠基人，为何对待洪堡的态度如此反常？其中一种公认的解释是：巴黎人对洪堡的欢迎过于隆重，以致冲淡了拿破仑加冕仪式的气氛，因而引起他的愤恨。

洪堡承受了拿破仑的凌辱，在巴黎待下来了。这再一次反映出他的人生哲学，人应当只为美好和崇高的目标奋斗，其他一切小事则由命运来安排。他之所以选择巴黎为其第二故乡，是因为只有在那里他的工作才能得到赞赏，他的著作才能得以发表。而这些条件在柏林尚不具备。如果说弗雷德里克大帝曾雄心勃勃，请法国数学家莫培督去规划柏林城的话，那么在他去世后这张宏伟的蓝图就化成了灰烬。德国当时显著落后于法国，电流磁效应的发现者奥斯特在 1801 年访问德国时曾这样说过：在柏林、格廷根和魏玛，简直找不到一个可以相信的物理学家和化学家。洪堡本人也说过："我想永远不再看到柏林塔！"

洪堡在钦博拉索山创造的最高纪录激起了法国人的热情。1804 年 8 月 24 日，盖 · 吕萨克和毕奥乘气球升入 13000 英尺的高空，进行了高空地磁测量。在洪堡的热情鼓励下，盖 · 吕萨克在 9 月再次乘气球升到 22000 英尺的空中，打破了洪堡的登高纪录，同时证伪了索绪尔关于地磁场强度随高度下降的观点。

1804 年 12 月 17 日，毕奥宣读了与洪堡合写的论文——《论不同纬度上地磁的变化》，提出了“磁纬度”的概念，总结出地磁场强度随纬度而升高的规律。这篇论文第一次将地磁场强度和磁倾角联系起来，在原来只有等磁偏角线的地磁图上增加了磁纬线。另外，他们的理论只承认两个地磁极，否定了哈莱的四磁极的假说。

洪堡认为，地球是宇宙的一部分，地磁力与宇宙力（特别是太阳产生的效应）及地球物理效应不可分割。作为检验宇宙力对地磁力的影响的最好的例子是，北极光对地磁场的影响，洪堡把这种现象称为“磁暴”。关于地球物理效应与地磁场的关系，洪堡则认为地热和火山可能会影响地磁现象。前一种关系已为他本人的观察所证实；但他在多次旅行中均未发现火山对地磁场的影响，因此他对后一种关系是否存在也表示质疑。及至 1820 年安培提出地磁场是地壳中绕地轴流动的带电物质所产生的观点后，他就将安培的见解纳入了自己的理论。

1805 年，他与盖·吕萨克到意大利考察，他在罗马见到了分别 7 年的哥哥。虽然他从未屈从于家庭的观念，但他现在不能再无视哥哥的忠告：任何普鲁士科学家如不能得到他本国政府的承认，他将寸步难行。是年 11 月，他终于回到了柏林。在那里他当选为柏林科学院院士。从 1806 年 5 月到 1807 年 6 月，他在奥尔特曼斯协助下观测了地磁偏角和倾角的周日、周时变化，记录了 6000 个数据。1806 年 12 月 19 日夜间，他观察了北极光对地磁场的影响，“磁暴”

的概念正是在这里提出的。

1806—1807 年的冬天，柏林最为严寒。法军在耶拿战争中击溃了普鲁士军队，并占领了柏林，在那里烧杀抢掠、洗劫一空。拿破仑为哈勒大学的民主浪潮所震怒，誓要将它夷为平地，幸得洪堡出面调停。虽然哈勒大学得救了，但洪堡未能幸免于难，他的“泰格尔”住宅遭到了蛮兵抢劫。在这种苦难和混乱的年月，洪堡写下了《自然观》一书，发出了内心的最强音：从自然界获得慰藉和力量，向黑暗势力挑战。他在书中写道：“要逃出生活风暴的人，请愉快地跟我走进森林的深处，攀越广阔的高原和草原，登上安第斯的崇山峻岭……让那些对交战民族的冲突感到倦怠的人……把他们的注意力转向静谧的植物王国，处身思量神秘的自然原理。”人们应该抛弃失望情绪，相信自然具有最高的伟力，因为“那里只有一个灵魂在激活着从一极到另一极的整个自然界——只有一个生命注入了山石、植物、动物甚至人类本身”。

1807 年 7 月 18 日，普鲁士政府屈服于法国人的武力，签订了丧权辱国的《提尔西特条约》。威廉王子被带到巴黎作为人质，洪堡受命前往巴黎继续谈判，并负有保护王子的使命。根据《提尔西特条约》，原属普鲁士的波兰被划给了萨克森公国，普鲁士人在那里的财产全部被没收。由于洪堡的财产在波兰，该条约使他濒于破产。及至 1811 年他几经周折收回了在波兰的财产，但偿还债务后所剩无几。

洪堡损失了一切，但不曾失去朋友。在巴黎困难的岁月，他与盖·吕萨克同室起居。几年后又搬到卢森堡宫东面的列斯特拉巴德街，他们在那里一起上实验室、图书馆，一起去参加会议，可谓情同手足，亲如兄弟。阿拉戈常说，洪堡总是有一种“金子般的童心”，他对待朋友的感情是那样纯真、无瑕。洪堡则把阿拉戈视为天才的化身。他们之间有许多共同爱好，有那么多的相同之处，特别显著的是他们都具有民主、自由的思想。

1814 年，普俄联军击败了法国军队，占领了巴黎，巴黎遭到了洗劫。洪堡利用他的特殊身份保护过法国自然史博物馆等重要文化机构，也曾保护过拉普拉斯等人的私有财产。同年 6 月，他陪同威廉三世到了伦敦，他向英国政府提交了东印度地区考察计划。按照这个计划，他将经波斯到帕米尔高原和昆仑山脉，考察塔克拉玛干沙漠，然后考察西藏，再翻过喜马拉雅山脉到恒河平原考察印度等地。英国政府考虑到他曾经毫不留情地揭露过西班牙在美洲的殖民统治，害怕他的激进思想将会有损于东印度公司的既得利益，遂未给他签发护照。他后来曾数度提出该考察计划，终未得到批准。可以说这是他一生中的最大挫折。

1815 年，他的《旅行记》前两卷发表了，它曾激励了几代人的科学探险活动。达尔文在随“贝格尔”号旅行时给他的老师亨斯洛的信上谈到他读《旅行记》的感想时说道：“我一直尊重洪堡，但现在我几乎崇拜起他来了。”洪堡这部著作对英国地质学家赖尔也有很深的影响。1842 年，洪堡在伦敦见到达尔文，给达尔文留下了深刻印象。后来达尔文获悉洪堡的喜马拉雅山考察计划未能如愿以偿时，给予洪堡以深切同情。1845 年，达尔文在给植物学家胡克的一封信上说：“听说洪堡的失败我甚为难受……如果你再次见到他，恳求你转达我对他的最诚挚、最善良的问候……”

转眼间，洪堡在巴黎度过了 22 个春秋，他目睹拿破仑一世帝国的兴败，也为巴黎的科学盛世贡献了宝贵的精神财富。1826 年秋，威廉三世再也不能坐视洪堡白白为他国效劳，他亲自写信敦促洪堡回国，信中说道：“我亲爱的冯·洪堡先生，你现在一定已经完成了你希望在巴黎完成的你的著作的出版工作，因此我再也不能同意你留在那个在任何真正的普鲁士人看来都恶心的国家，我等待你从速返回你的故乡。”

西伯利亚探险，振兴柏林科学

1827 年 5 月 12 日，洪堡终于回到了德国。柏林人模仿 23 年前巴黎人的做法欢迎他的归来。国王亲自主持了“洪堡讲座”。从 1827 年 11 月 3 日到 1828 年 4 月 26 日，洪堡在柏林共讲了 61 场。他拥有数万名热心的听众，他的这些讲座内容后来写进了《宇宙》第一卷中。

洪堡回国后奋力组建柏林－格廷根科学中心，决心使德国科学在近期内赶超法国。1828 年，他在柏林主持召开了全德自然科学家和医生代表大会，与会代表数千人，盛况空前。高斯作为特邀代表出席了会议，会议期间与洪堡生活在一起。洪堡跟高斯拟定了建立全欧地磁学联盟的计划，并提出了以格廷根为中心的全欧地磁观测网的方案。数年后，这个观测网建立起来了，其范围西起都柏林东至圣彼得堡，北起乌普萨拉南至卡塔尼亚。

1829 年，洪堡应沙皇邀请对西伯利亚地区做了一次考察。他这次考察的重点放在地磁观测和磁法探矿方面。是年5月1日，他抵达圣彼得堡，拜访沙皇后便经莫斯科到达伏尔加河，从那里乘船前往喀山。喀山是洪堡见到的第一座具有东方色彩的城市。铁木真的蒙古铁骑曾从这里出发去征服波兰和匈牙利。在那里收集蒙古金币和手稿颇具一番情趣。洪堡在那里还建立了一座地磁观测站和一所地质培训中心。从喀山到乌拉尔山的路上，洪堡看到一队队流放西伯利亚的政治囚犯，怒火油然而生。但是他汲取了抨击西班牙殖民者所得的教训，再也没有提出公开抗议，而是将这些情况详细地记录在日记中。翻过乌拉尔山，他在别列兹尼基考察河沙时发现，该地区富藏有金矿和铂矿；同时还发现此地为地磁场异常区域，推断必有大量铁矿砂。他在这次考察中开创了地磁探矿方法。最使沙皇满意的是，他在乌拉尔山发现了金刚石。接着，他在秋明河坝上发现有猛犸骨骼的化石。洪堡于1829年8月19日翻过阿尔泰山脉到达中国边境。他在那里受到一位年轻的中国官员的热情接待，他给那位官员赠送了铅笔，那位官员向他赠送了两本中文书。

在短短25个星期中，洪堡走过了9600英里的行程，并十渡伏尔加河，连同他回柏林的路程在内，这次旅程全长11500英里，几乎是地球周长的一半。当时他已年逾花甲。

1831年，歌德去世了，洪堡看到了一个可怕的前景：他的朋友将一个一个地离开人间。1835年，他的哥哥也去世了，他失去了最后一位亲人。1853年，阿拉戈的去世给他更沉重的打击，这时他已是一个没有家庭、没有亲人、没有朋友的老人了。如果说他还感受到生活的力量的话，那就是他已成为年青一代科学家所尊敬的长者和导师。在他一生中，他曾不遗余力地为青年人创造条件，把他们中的杰出者提拔或推荐到重要的岗位上。他对有机化学家李比希的盛赞便是一个突出的例子。还在 1823 年的时候，当他第一次听过李比希的讲演后就发现他是一个难得的人才，就把他推荐给盖·吕萨克，之后又将他安排在吉森大学当教授，李比希就在那里写下了划时代的论著——《有机化学在农业和生理学中的应用》(1840)。李比希承认，如果没有洪堡的支持的话，他很可能一事无成。受过洪堡赞助的青年科学家很多，如数学家艾森斯坦、探险家瓦格纳、化学家密切利希、物理学家波根多夫、生理学家米勒、气象学家多弗、地球物理学家伊尔曼以及埃及学家列普修斯等。这些青年科学家常自许为“洪堡的孩子”，而洪堡常以“世界科学的公仆”的形象出现在 19 世纪上半叶的科学舞台上。

人们或许会问，洪堡为何有这样巨大的精力。洪堡并非超人，他的精力是来自他对世界科学共同体的向往和对友谊的信赖。他一生中曾与 3000 多名科学家、文学家、美术家和政治活动家有过通信来往，他每年总要发出 3800 余封信，而每天要用三四个小时时间写十几封信件。每当他想到一个新问题或产生某种灵感时，他就会不拘场所立即动笔写信。哪怕在酒吧喝酒时，他也会向侍者要来笔、墨、纸张，即兴写下一两张纸条，立即发给远方的友人。通信就是他为“美好和崇高的目标奋斗”的一件重要工具，虽然他的同时代人相继去世了，他还继续以这种方式来鼓励年青一代的人们，在他们的心灵上点燃前进的火炬。

洪堡从 1833 年起开始埋头撰写他的最后一部巨著——《宇宙》。

“宇宙”一词最先源出毕达哥拉斯，其原义是指世界的秩序，地球和万物之总和。而洪堡的“宇宙”，是指整个物质世界。洪堡写这部书的目的，是要立足于自然力统一的思想，运用物理科学的方法对整个物质世界的现象进行一次大综合，以揭示使大自然不停运转的基本力量——用他的话来说，就是要寻找“一个生命”或一个自然的“灵魂”。可以说，他一辈子都在为画出这样一张地图而奋斗，在这张地图上，有植物和动物的分布区，有矿脉带、同构地质带，还有等温线、等磁场强度线、等磁偏角线和等磁倾角线等等。这些区、带、线虽各具特色，但又相互联系。从时序上来看，它们显示出强烈的规律性；从现象的多样性来看，它们呈现出明显的共性。虽然他提出的最终目标已经超越了好几代人的条件，但是他那种追寻自然现象于最简原理或终极形式的思想，100多年来一直是自然科学工作者奋斗的方向。他在《宇宙》第一卷的序言中说：“这个序言的目的，是要指明自然科学得以承担更高目标所依据的方式，通过这种方式，整个自然现象和能量将被揭示出是一种与内在生命一起跳动的实体。她如同谢林所说的，是神圣的和基本的力量……”

《宇宙》一书共分五卷。第一卷描写外部世界，目的是提供一幅自然的图景；第二卷描写主观世界，描绘科学家、诗人、画家及不同龄的学生眼中的自然世界；第三卷专门讨论天文现象，从亚里士多德时代起，一直说到赫舍尔的恒星分类法；第四卷主要讨论地磁和地球物理现象。这四卷均在洪堡生前发表。在洪堡争分夺秒书写第五卷时，他已渐渐感到精力不支了。1859年初，他预感到生命快到了尽头。4 月 19 日，他叫佣人将他的书稿送到了出版社。5 月 6 日下午，他在私寓泰格尔离开了人间，享年 90 岁。在洪堡去世后的第二年，有一些人捐赠成立了“洪堡基金”，目的在于资助在国外从事研究的德国学者和科学家。第一次世界大战后，马克贬值，以致到了 1923 年“洪堡基金”就告完结。1925 年，“洪堡基金”由德国政府重新办起，然而在 1945 年再次被迫解散。现在的“洪堡基金”是 1953 年由外国一些科学家和学者再创的，其目的在于资助在德国进行科学研究的国外青年学者和科学家。

（作者：宋德生）

贝尔纳

他和他的科学政治学

贝尔纳

（J. D. Bernal，1901—1971）

一、生平

1940年第二次世界大战已经打响，德国纳粹开始对英国伦敦进行空袭。一天，在英国偏僻乡村的一个火车站走下两个人，他们来这里寻找一个废弃的掩体进行一项科学实验。目的是测试不同类型炸弹爆炸对生命及其他物体的影响，为防护体系的规划设计提供一手资料，以最大限度地避免空袭对百姓的伤害。他们其中一位就是英国物理学家兼生物学家约翰·德斯蒙德·贝尔纳。

贝尔纳给人的印象是深刻的。他肤色苍白，衣着随意，头发浓密而蓬乱，一双淡褐色的眼睛闪着智慧的光芒，常常表现出一种反传统的味道。严格说来他并不算英俊，但他杰出的才智与激进的改革热情，对许多人来说却形成了难以抗拒的魅力。他是一位具有多方面才能的人，在科学上对物理、化学和生物系统的结构和功能研究，是一个先驱者；在社会问题的研究上，他探究了科学的功能和社会结构之间的关系，被称为开拓者。他在政治上是一个马克思主义者，在许多科学家和政治团体中充当了一个领袖人物。他同时担任了世界和平委员会主席和世界科学工作者协会主席。贝尔纳认为科学家的责任在于把握科学的社会功能，最大限度地避免科学成为掌握在特权阶级手中的武器来剥削和压榨人民。贝尔纳一生致力于这样一个目标：让科学为民所用，造福于人类。

1. 青少年时期的教育和科学偏好

1901 年 5 月 10 日，贝尔纳出生于爱尔兰南部的一个天主教牧场主家庭。他的父亲是一个活泼、求实和永不满足的男子汉，儿童时期曾独自漂洋过海，在澳大利亚放过羊，后来又辗转回到内纳格，娶了一个移居国外、有文学造诣和教养的美国姑娘。

年轻的贝尔纳是在科学和浪漫的爱尔兰民族主义的影响下成长起来的，儿童时期主要由其母亲负责管理，他那快乐的父亲主要负责农场的事务。他经常恳求母亲为他讲外面的世界，渐渐地，他头脑中就逐步建构起了外部世界的轮廓（关于上帝、人和动物等）。受母亲的影响，他在年龄很小的时候就表现出了对物质世界的好奇。7 岁那年，一根钢针意外地刺伤了保姆的膝盖，并折断在皮肤里。保姆被送到医院，首先按照医嘱拍了 X 光片以确定钢针在膝盖内的位置。虽然贝尔纳不知道 X 光是什么，但这却放飞了他的想象力，他意识到那定会是能揭示皮下结构的一种强光。于是他以石蜡为光源，打开许多书使它们围灯而立，以便使这些书的白页聚集光线。然后，他把手放在书之间的小空隙处，试着看他手上的骨头。不幸的是他撞倒了一本书，整个观察过程随着书的“哗啦”声而终止，险些发生火灾。他在 9 岁时就尝试着做好多事情，还包括写自传等。

贝尔纳家族是作为印度西部的农场主和英国政客而获得成功的。贝尔纳家族的爱尔兰分支大约在 19 世纪形成，这时已开始向天主教转化。贝尔纳在 1910 年 4 月做了他自己的第一个圣餐，他妈妈在日记中写道："上帝保佑这个过于兴奋、热烈，还很严肃的穷苦孩子。保佑他成为一个正直、真诚的人。"为了使他接受良好的天主教传统教育，贝尔纳 10 岁时被送到英国兰开夏的皓德学校学习。这个学校是耶稣教会学校斯托尼斯特的预科班。第二年 9 月他转到斯托尼斯特学校，在那里，他曾建立了一个恒爱社，后来被教士察觉，被迫停止活动。他读过耶稣会守护神阿洛伊修斯·冈萨格的传记，曾效仿阿洛伊修斯·冈萨格，按一种独特的、始终如一的逻辑相爱；同时他又施展领导才能，说服同宿舍的同学，一个小时轮换一次地整夜祈祷。这似乎预示着，在他的一生中，他要去做比他所能负担的多得多的工作。到了斯托尼斯特，他发现这所学校真的像传闻中说的那样肃穆、庄严和冷酷。在这儿一段时间后，除感受到监禁般的生活外，什么自然科学知识也没有学到。1912 年的圣诞节过后，贝尔纳暂时回到了原来的内纳格学校，而这里只有一些从法拉第演讲稿中抽取出的文本资料，根本没有正规的科学教育。所以按照他母亲的意见，贝尔纳在 1914 年 1 月转到科学教育较强、坐落在英国中部的贝德福德公立学校。他很快适应了贝德福德学校的生活，并表现出科学上的天分，尤其在数学方面，但贝尔纳的定位却似乎是要求自己会用数学而不去研究数学。1915 年初，他学习并研究了电和磁的力线，发现了电在有效范围内的磁力矩。在年终考试时他设计了一个测试一段金属导体的电阻实验，并获物理奖学金。1916 年 5 月，贝尔纳在一个黑匣子里利用分光镜看到了钾、钠、钙、钡、硫的光谱线。在他组装成分光镜的两天后，转手搞起了化学实验，他在日记中这样描述："弄一些可塑的瓷土把铁矿砂混入其中，用一个很小的坩埚装瓷土，加热坩埚，再往里倒入硫黄，在这样制成的硫化物中再加入水就会有硫化氢产生并释放出来。我从铁矿石中得到了氧化铁。”此外，贝尔纳和他的朋友们还是积极的天文爱好者。

1917 年圣诞节将至，贝尔纳和弟弟凯文乘海上轮船回家。他们航行到金斯敦的 5 天之后，英国的一个海上武装轮船在爱尔兰海被德国潜艇击沉，船上 100 人无一生还。同一天，三艘英国驱逐舰在北海误入德国的布雷区，250 多名海员全部遇难。另一艘救援驱逐舰从一艘被击毁的运输船上救下幸存者返航途中，也遭遇水雷的袭击而沉入大海。这真是一个让人恐惧的圣诞节。出于安全考虑，贝尔纳的父母没有让他返回贝德福德，而是就近回到内纳格一个中学学习。但是，一天后，那儿的中学教师就表示他们不能胜任对贝尔纳的教育。后来他又被送到柏林的芒特冈学校上学。不久那儿的校长也感觉到，自己的学校不能满足贝尔纳求知的需要。在校长的建议下他们从三一学院请了一位颇有名望的穆尔先生做家教，教授贝尔纳数学和自然科学，以便为申请剑桥大学奖学金做准备。贝尔纳只能住在附近的旅店里，每天下午被允许到穆尔先生的房间请教一个小时。

5 月底，贝尔纳搭乘轮船返回贝德福德并准备争取剑桥大学奖学金的考试。为了进入剑桥大学，他与其他奖学金候选人相聚伊曼纽尔学院参加考试。他们中间有一半是公立学校的学生，一部分来自不知名的普通中学或国外的学校。第一天上午的考试，由于过分紧张，对他而言并不难的试卷他却仅做了十分之七。第二天的考试，代数、三角、偏微分等混杂在一起进行，他甚至忘记了如何去求解有关连续函数的问题。然而令人惊喜的是，在接下来的那一天早上，贝尔纳正专注于撰写《论组建国际联盟》的惊人之作时，传来了他竞争入选的消息。他从剑桥回到贝德福德找了个借口没有参加学校的期末考试，而是以极大的兴趣学习和研究结晶学，他被晶体形状的规则性、外部结构的对称性深深地吸引，欣赏着各种晶体漂亮的颜色和各种形状。一周后，贝尔纳收到已被剑桥依曼纽尔学院录取并授予60英镑奖学金的电报。他感慨万分，在新年前夜他写道：1918年是震动整个世界的一年，对他自己而言也是人生辉煌的一年，因为剑桥大学奖学金会为他的未来梦想插上翅膀。

在剑桥大学，为了获得一个较好的知识结构和扩充对自然世界的了解，贝尔纳试图通过学习剑桥大学提供的不同课程来开阔眼界。在那里，他先学习数学，然后学习化学、地质学、矿物学和物理学。他高兴地说："在那里，一切人类财富都展现在我的面前。在这思想的天地中，我无所偏爱，我所看到的一切都使我如醉如痴。"他选取了晶体学方面的研究，并以《关于晶体对称的数学原理》研究作为学位论文得以顺利毕业。他的百科全书式的知识后来为他赢得了"圣人"的绰号。

2. 职业生涯和社会活动

1922年，贝尔纳从剑桥大学毕业后，应威廉·亨利·布拉格邀请来到英国皇家研究院位于阿尔比马尔街的"戴维—法拉第研究实验室"从事研究工作。他依然选定了喜爱的结晶学作为研究领域，并在布拉格先生指导下，很快进入角色，用了不到5年时间就在枯燥单调的工作中结出硕果，1924 年完成第一篇《石墨的晶体结构》的研究论文。他的工作推动了石墨结构及其表面的研究，在这一领域，他发挥出超人的想象力，纵横驰骋，很快把自己培养成为一个具有一定专长的实验结晶学家。

1927 年，他转而回到剑桥大学应聘结晶学讲师职位。当贝尔纳很腼腆地走进面试现场并进行自我介绍时，丝毫未能打动面试委员会的委员们。而接下来，他才思敏捷、机智巧妙且富于雄辩的演说，让他最终赢得了这一职位。主持答辩的哈钦森教授高兴地说："除了选他，看来再没有更合适的人了。"此后，贝尔纳在剑桥大学任教整整 10 年。

1932 年，贝尔纳已成为将 X 射线晶体学用于研究生物分子的先驱者之一。1933 年，贝尔纳首次获得单晶蛋白质的 X 射线照片，并最先研究出烟草花叶病毒的结构。1937 年，36 岁的贝尔纳成为英国皇家学会会员，同年，被伦敦大学伯克贝克学院授予物理学教授职位。1945 年至 1956 年，贝尔纳被任命为建筑工程科学顾问委员会主席，同时他还是苏联、匈牙利、波兰、罗马尼亚和保加利亚等国科学院的外籍院士。1963 年任晶体学教授，并从此担任国际晶体协会主席至 1966 年。

从 1938 年到 1968 年退休，贝尔纳一直在伦敦大学伯克贝克学院工作。伯克贝克学院为他作为职业学者提供了条件，贝尔纳为伯克贝克学院的发展发挥了重要作用。在人们（包括学生）眼里，贝尔纳这位科学大师的到来奠定了学院的地位。伯克贝克学院继承了其民主、自由、注重实践的传统，这也构成了对贝尔纳的吸引力。贝尔纳虽然是一个公开的马克思主义者，并且同苏联保持密切的联系，这些并没有给他造成什么实质性的麻烦。伯克贝克学院接受、钦佩和热爱贝尔纳；而对于贝尔纳来说，伯克贝克学院不只是他的家和学术基地，还是作为一个左翼人士和一个科学家生命的一部分。

贝尔纳以他丰富的知识和对科学的敏感赢得了学术权威的地位。他总能不断地开辟出新的有价值的研究领域。他的研究兴趣可以由 1939 年在英国科学研究院所做《蛋白质的结构》的演讲所窥见。他的主要科学目标是把物理学和化学注入生物学。为此一直设想成立分子结构的研究机构。但这是一个跨学科的研究，涉及跨学科的队伍建设，再加上经济极其困难，贝尔纳所遇到的困难是可想而知的，可以说贝尔纳恢复了一个废墟中的伯克贝克学院。起初在 1945 年的时候，由于条件极差，他不得不借助英国科学研究院，在那儿召集组建了他的团队，成员有卡莱尔（后来贝尔纳的继任者，伯克贝克学院的结晶学教授）、海伦·梅高、布思（成了计算机科学系的奠基人），同样重要的还有安蒂亚·里梅尔（贝尔纳非常器重的秘书和私人管理员），后来加入的有杰弗里（后来是伯克贝克学院的晶体学教授）。尽管伯克贝克学院面临着诸多困难，但贝尔纳所在的系是繁荣的，因为他有了一支教师和研究团队。从世界各地跑来的学生和研究者几乎毫无疑问地组成了学院的国际团队。巨大的凝聚力不断壮大着他的学术队伍，很快组成了有力的团队，并奠定了学院在引人注目的分子生物学研究前沿的重要地位。而此时贝尔纳却转而进行他以前颇感兴趣的液体结构问题研究。

在自然科学的研究上，贝尔纳所做的主要工作是把物理学和化学带进生物学中去，他创建了 X 射线结晶学，并把它作为生物学研究的一个重要工具。他的研究工作几乎涉及晶体学的全部领域，他的贡献包括帮助早期晶体学家对发现的晶体结构进行图表描述。在生物有机物质方面，他研究了如氨基酸、维生素、荷尔蒙、蛋白质和病毒等，并都取得了骄人的成绩。在性荷尔蒙、蛋白质病毒和水的不同固相结构方面，贝尔纳进行了开拓性工作。他在近 60 岁的时候完成了他自己认为一生中最漂亮的工作——液体结构的研究。他还进一步继承和发展了老师布拉格的事业，从有机结构研究扩展到生物大分子结构的研究，形成了分子生物学中著名的结构学派，为分子生物学的发展做出了突出的贡献。他用 X 射线衍射法探测生物大分子的结构，探测出烟草花叶病病毒的尺度和形状，并证实了病毒有规律的内部结构。在生物大分子的合成中，贝尔纳于 1951 年提出：某些黏土片层间因含有大量的正、负电荷，可以吸附带电分子并能成为原始催化中心。这一理论为原始海洋的氨基酸是在某些特殊的黏土上缩合成多肽的看法提供了理论基础，实际上为生命起源的研究提供了理论依据。1959 年，贝尔纳被授予格劳秀斯奖章。

贝尔纳特别强调学术交流、科学教育和普及的重要性，为此他也投入了大量的精力来进行实践。仅在 1961—1962 年，他在智利的康塞普西翁和圣地亚哥大学，巴西的里约热内卢大学，德国的洪堡大学、慕尼黑大学，美国的耶鲁大学做了一系列关于《分子结构、生物化学功能和演变》的演讲，另外还访问了法国物理学会，格拉斯哥、纽卡斯尔和曼彻斯特的研究机构及协会，他还为不同的学术和学生团体（包括伯克贝克学院的科学史协会）做了关于陨星、生命起源、科学文件、科学与工业的联系等的演讲，以及皇家学院的贝克演讲。贝尔纳在科学上的影响是巨大的，这不仅是因为他在自己所从事的科学研究上取得的成就，还在于他通过交流指导，为许多人成功确定专业研究方向和成长道路。经过他指导的学生或同事，许多在后来都获得了诺贝尔奖。尽管贝尔纳政治上激进，但许多人自愿地接受他的领导，学院里有很多成员钦佩他，为有这样一位著名科学家而自豪。

在从事科学职业的过程中，他对英国的科学传统进行了认真的审视、总结，并给予批判和继承。他认为英国科学的成功在于它特别讲求实用和着重类比以及健全的常识，但缺点是缺乏系统思维。这就使英国科学存在着这样一个危机："除非采取措施在适应现代条件的充分规模上加以发展，否则它就会比别国或新兴国家的科学大大落后。"强烈的责任感驱使他进行了大量的科学组织规划与管理以及科学技术史的研究。为此他曾给 200 多个国家的主要科学家、政客以及大学管理人员发函对科学技术的组织规划与管理进行调查研究。他认为科学缺乏合理的组织与管理不仅使科学效率低下，而且还容易导致对科学的误用和滥用。他对科学在资本主义世界所遭受的境遇十分痛心。为了保卫和挽救科学的命运，他投身到政治运动之中，致力于科学为民所用的和平事业，并进行了大量的探索和实践工作。1929 年他出版了《世界、肉体和魔鬼》，1939 年出版了《科学的社会功能》，1952 年出版了《马克思与科学》，1953 年出版了《十九世纪的科学与工业》，1954 年出版了《历史上的科学》，

1958年出版了《没有战争的世界》。

第二次世界大战期间，贝尔纳曾为英国国内安全部研究过轰炸的破坏问题。为了取得第一手可靠的实验资料，他利用废弃掩体亲自进行实验，甚至把自己当作实验材料和对象。所得实验数据为空袭防御体系的规划设计提供了科学依据。他随后向英国内政部提出了空袭预备警报的问题，以期最大限度地避免空袭对百姓的伤害。1942年至1945年，他取得了联合作战部的任职，在那里担任了蒙巴顿勋爵的科学顾问，成为在战争中运用运筹学方法的先驱者之一。他直接参与了盟军的诺曼底登陆计划，在此计划中，他的特殊贡献是利用气球设计了空中摄影的方法，取得诺曼底海滩的信息资料，最后根据海滩波涛的形状，确定海滩的坡度和承载能力，对坦克和装甲车的登陆进行可行性分析，为盟军成功登陆开辟第二战场提供了保障。他为保护人民、反对法西斯战争贡献了力量。1945年，贝尔纳荣获英国皇家学会皇家勋章，表彰他在揭露战争方面做出的科学贡献。

第二次世界大战结束后，经过战争磨难的贝尔纳有了更加强烈的责任感，那就是如何确保科学研究的成果不被用作破坏目的。因此，他频繁地在世界各地进行战争与和平的演讲，并投身到组织一些论坛中去，包括关于冷战所带来的危害的讨论等，像科学工作者协会、波格瓦什会议、世界和平委员会等。他为世界和平运动所做的努力，简直超出他一个人能付出的全部时间和精力，他的许多时间几乎都是在公共活动中度过的。1947年至1949年，他担任了英国科学工作者协会主席。1959年至1965年，他曾担任世界科学工作者协会副主席和世界和平理事会执行委员会主席。1953 年他荣获斯大林和平奖。他和社会主义国家的领导人保持了友好的关系，和反帝国主义的知识分子紧密联系。贝尔纳于 1971 年 9 月 15 日去世。他用其一生，尽其所能履行着他这样的诺言：让科学为民造福。

二、研究的历史转向与社会语境

贝尔纳作为著名的自然科学家，有许许多多科学上的原始思想应归功于他，但却都在别人的名下出版问世了。他所指导的学生，屡屡荣获诺贝尔奖，而他却从来没有获得过。有人说他缺乏“面壁十年”的恒心而蒙受了损失，这一结论未免过于简单。

1. 转向的历史与社会语境

贝尔纳出生在世界工业革命的发源地英国，他一生目睹了世界大战的毁灭和资本主义经济危机的惨状，而这一切都和科学技术密切相关。科学和技术的进展在 18 世纪后期就与正在兴起的工业、政治改革和开明的神学相联系，工业革命就此悄然兴起。工业革命最初是以机器代替人力开始的，正是在蒸汽机出现后，纺织业、冶金业、采矿业和机械制造业很快繁荣起来，使工业革命走上了快车道。工业革命实现了资本主义经济对封建经济的彻底胜利，建立了西方国家政治和经济的自由主义。

第一次工业革命加快了现代科学技术前进的步伐，从而为工业革命的进一步展开起到了推波助澜的作用。19 世纪 70 年代后工业革命进入第二阶段（第二次工业革命），西方经济发展变得异常迅猛。到 19 世纪末，经历了工业革命的西方经济已真正成为全球范围的活动，新市场、新技术以及海外贸易和投资都在朝着世界性的市场经济发展。然而与此对照的则是在工业地区的压抑和罪恶中显示出来的科学技术应用的显著后果。工人用自己的血汗增加了资本的利润，换来的却是贫富的严重分化，社会的强烈不平等。资本家为了最大限度地赚取利润，对工人进行敲骨吸髓般的剥削和压榨。缺乏照顾的儿童和失业工人流浪在街头，成为工业化中兴起的现代城市一景。同时，霸权式的掠夺和统治开始触及全球，世界范围内的争夺预示着即将到来的 20 世纪将是一个不平静的世纪。正是在这 19 世纪末 20 世纪初，科学得到了前所未有的发展。而令人深深遗憾和恐惧的是，科学亦成为改进战争技术和相互残杀的工具。“科学和科学家，第一次在历史上直接地并公然地牵涉到这时期的经济、工业和军事上的主要发展。”这一切使人们对科学的认识发生了巨大的变化，就连科学家自己的思想也陷入巨大的混乱。贝尔纳曾感慨道：无怪乎科学家们也越来越不相信科学发展本身会自然而然地使世界变得好一点。

1931 年前后，世界变得更加混乱。英国工党政府倒台，清教新政府组成。意大利墨索里尼已经掌权，德国希特勒上台，法西斯抬头。一时间，似乎只有在法西斯主义和共产主义之间进行选择，何去何从令人彷徨。实际上，欧洲在 19 世纪 90 年代，在马克思主义运动的内部就已经形成了一种马克思主义是社会进化论的基本看法。苏联的马克思主义者们支持和强化了这种理论，并产生了巨大的影响。这种看法详细地说明了从过去的人类文明到具有明显优越性的更高社会经济存在的王国——共产主义社会的各个阶段。从一个阶段到另一个阶段的这种历史的线性动态发展不可避免地随着社会经济组织的过渡而向前发展。以此看法为主导意识的科学性倾向，给马克思主义的历史阐释加上一个明显的印象："科学性的思想使我们得知演进的下个阶段将从竞争转向合作。并且在那儿对于人而言，演化不再是盲目的。"它从理论上确认了资本主义制度是社会经济进化当中的一个暂时的形态。那么这下一个阶段无疑就是社会主义和共产主义社会。恰逢此时，1931 年 7 月初的第一个星期六的上午，在英国伦敦南肯辛顿科学博物馆演讲大厅进行了第二届国际科学技术史大会最特别的一场会议，苏联代表在那里做了一个特别报告。他们的观点使出席会议的大多数科学家感到震惊，也在贝尔纳等一些科学家的内心中产生一种激荡，形成了深远的影响。他们了解到马克思主义的发展和传播，促使俄国取得了十月革命的胜利。资本主义制度不再是遍及全球的制度了，在社会主义国家苏联，基本生产方式和社会关系完全不同于资本主义国家，科学与社会的关系也完全不同了。这是人类第一次自觉地努力设计自己的社会活动的框架，其基本原则就是利用科学和技术直接为人类造福。苏联社会主义国家建立不久，1920 年列宁就提出了"共产主义就是苏维埃政权加全国电气化"的宏伟蓝图，同年，列宁亲自领导 200 多名科学家和技术专家制订具体的全俄电气化规划。到 1931 年 4 月苏联举行第一次全国科学规划会议，大致勾画出了苏联科学家活动的舞台和前进的方向，表明了苏维埃政权要发展科学、规划科学、使科学为社会建设实际需要服务的态度和决心。十月社会主义革命和苏联社会主义建设的实践，不仅使全面规划和管理科学变得十分必要，而且成为可能。整个 20 世纪 20 年代都是苏联科学成长的黄金时代。而由于这一影响，英国共产党内绝大多数马克思主义者，接受了苏联马克思主义者对历史唯物主义的解释，把技术革命当成历史进步的主要手段。随着这种理性的科学态度在英国的出现，作为历史进步活力的技术创新得到了特别的重视，使“科学的社会关系”这一观念进一步复杂化。苏联社会主义国家就像在黑暗中的一颗闪亮的星，引导着贝尔纳的研究转向并成为他转向后的研究模板。他的代表性巨著《科学的社会功能》也恰逢此时应运而生。

2. 研究的历史转向

贝尔纳在自然科学方面所获得的成就是巨大的。他常常以杰出科学家所具有的超人敏感去开辟一个方向，而后交给他人去淘金，名利全然不顾。似乎是一直苦于自己面前总有更为重要的工作吸引他放下手头的自然科学研究任务，而把许多精力投到自然科学以外的事情上。实际上，他的研究工作已经悄悄地发生了转向。

贝尔纳的研究转向首先从思想转变开始。这种思想转变始于他的大学时代，而他的科学政治学研究转向则始于 1929 年，标志性的代表成果是《科学的社会功能》和《历史上的科学》两部巨著，转折点是 1931 年第二次国际科学技术史大会。

在剑桥的大学时代，他第一次感受到了自由的学术气氛，精神上得到了前所未有的满足。在这里他能够参加许多会议，接触各方面人士，包括知识分子，而且还有士兵和产业工人。在 1919 年 11 月 7 日的一个会议上，贝尔纳从他的朋友那儿了解到了关于俄国十月革命和有关刚刚诞生的苏维埃共和国的社会主义情况，这些信息为他开启了一个崭新的世界。恰逢此时，一位马克思主义的经济学家 H. D. 迪金森走进了他的生活，他以俄国伟大的革命实践为例，极具感染力地向贝尔纳讲解了马克思主义理论和社会主义事业。这一切深深地打动了贝尔纳，他如饥似渴地饱读了马克思、恩格斯、列宁的许多著作，诸如《共产党宣言》《资本论》《家庭、国家和私有制的起源》《唯物主义与经验批判主义》等，思想得到了升华。他认识到“我那爱尔兰爱国主义显得多么狭隘呀……人民，只有人民才能荡涤一切我们痛恨的污泥浊水……而这一切将会带来一个科学世界的新天地”。他坚信马克思主义和科学会给人类带来繁荣与和平。从此，贝尔纳便放弃了天主教信仰，转而走上了马克思主义道路。

这种转变没有任何胁迫，是那样地自然，“好像这就是他智力活动兴奋点转移的过程，其中丝毫没有胁迫或假装正经的意思”。随后贝尔纳投身到政治运动当中，1923 年贝尔纳加入英国共产党，1926 年动员支持工人大罢工，1929 年出版了自己的第一份书稿《世界、肉体和魔鬼》，讨论了人类的进步是如何有违于人类理性的三大敌人，即自然（自然力）、肉体（人类自己的躯体及其局限性）以及魔鬼（人类的感情、愚昧和无知）的问题。他开始公开地对科学和社会进行责问，这也意味着他研究转向的开始。

1931 年，第二届国际科学技术史大会上，苏联代表团的黑森运用马克思辩证唯物主义和历史唯物主义的观点来分析牛顿力学的发生与发展，做了题为《牛顿原理的社会经济根源》的报告。苏联代表团的论文结集出版，取名为《走到十字路口的科学》，贝尔纳为此书专门写了书评，发表在右翼的《旁观者》杂志上。他公开质问：是智力上自由而社会无能更好呢，还是让科学研究活动成为一个有益于社会的目标指导下的社会系统的一部分好？几个星期后，也就是 1931 年 7 月底，他首次对苏联进行了为期两周的访问。这期间，贝尔纳在剑桥大学工作。在剑桥大学，他与其他科学家组成了科学家反战小组，经常讨论 20 世纪 30 年代的经济萧条、希特勒德国的纳粹恐怖、西班牙的国内战争、日本侵略中国和英国殖民地的自由运动等问题。正如贝尔纳所坦言的："我可以说，对我自己工作的激励，以及对我科学同行中其他几位，特别突出地对霍尔丹和霍格本的激励，肯定可以追溯到 1931 年一群马克思主义科学家访问科学史大会。"这成为贝尔纳研究转向的一个转折点。的确，1931 年是对英国部分科学家影响颇深的一年。一种新的哲学开始影响部分科学家，特别是贝尔纳，使他把目光投到科学之外，开始了他的科学政治学研究。

此后在 1932 年和 1934 年冬，贝尔纳又接连访问了苏联。苏联的社会主义建设使他更加确信，辩证唯物主义是生活中的指导思想和行动中的最有力因素。1935 年，他在所撰写的《科学与工业》一文中更强烈地表达出政治倾向。他表明自己的观点：如果说科学是帮助人类的，那么它必须要找到新的主人。1934 年，贝尔纳退出英国共产党，但一直和左翼的进步力量保持着密切的联系。我认为，他脱离英国共产党，部分原因是他对英国共产党内新生力量不同于党内传统知识分子的标新立异的不满和鄙视，部分原因是为了在国际上进行和平反战，从而为揭露资本主义制度的活动提供便利。他认为“由于自然科学影响生产方式而引起的那些社会变化，既未经计划，又未经了解，实际仍在发生一些灾难性的结果。只有把一种真正的社会科学和自然科学熔在一起，才能获得对于社会活动满意而进步的社会控制”。他呼吁人们研究科学的学问，研究科学与社会结构的关系，以便把握科学，使之为民所用。他指出：“对于科学和经济活动，如果我们不知道我们行动的后果就可以声称对行动免除责任的话，是没有理由的。我们不得不去做的是把它们的功能找出来。”1939 年 1 月具有代表性的巨著《科学的社会功能》面世。这部巨著的意义很快为全世界所公认，并被译成多种文字，形成广泛的影响。其后又一部巨著《历史上的科学》诞生,《必然的自由》等其他论著也陆续出版，从而形成了其鲜明的科学政治学思想。贝尔纳认为，资本主义生产模式下，科学的挫折是一个不可避免的特征，科学只有在一种全新的社会主义制度下才能实现其全部潜力。他提出了通过建立先进合理的政治制度，通过公众参与，发挥民主对科学的调控作用，实现政治与科学的良性互动，重构科学与社会的和谐关系的思想。与此同时，贝尔纳还参加了一系列的政治活动，用他的科学政治学思想唤醒人们，推动着社会进步。

三、贝尔纳科学政治学的基本思想

贝尔纳为了“挽救”科学，以苏联社会主义为模板，开展了科研领域的“政治经济学”研究——科学政治学研究。他借用了马克思政治经济学研究范式，承认科学技术对政治的推动作用，从科研领域的生产关系入手，阐释科学与政治的关系。显然他的科学政治学是建立在传统科学观基础上的，完全不同于科学社会建构意义上的科学政治学。

贝尔纳采用历史学和社会学并行的方法来对科学进行考察，通过科学领域生产关系的研究，找出科学总体发展规律，最终试图通过政治调控，挽救科学所面临的危机，实现科学生产的高效率，使科学走上为民谋利、健康发展的康庄大道。同时特别强调合理的政治权力建设，以实现对科学的良好调控。通过对贝尔纳思想的考察，我认为他的科学政治学研究的基本纲领已经形成，即科学的社会历史性、科学的宏观可调控性、科学的民主调控。

1. 科学的社会历史性

贝尔纳科学政治学思想的基础，在于他利用历史唯物主义和辩证唯物主义的观点及方法对科学史所做的全方位考察。通过考察，给出了不同历史条件下科学所具有的不同特征，揭示出科学作为社会要素之一，与社会其他要素同形同构，并得出科学与社会紧密联系并相互影响的必然结论。这就为政治调控科学，重建科学与社会之间的和谐关系奠定了理论基础。

贝尔纳科学政治学思想与科学史有着天然的联系。贝尔纳时代，社会中的种种苦难，乃至这些苦难和科学进展间的不可避免的关联，都使人不得不集中注意力于科学的历史方面。贝尔纳认为，“要找办法克服那些面对着我们的困难并解放科学上的新力量使之为人类谋福利而非毁灭人类，那就必须重新考察目前的局势是怎样到来的”。同时他强调“此举牵连到平行地研究所有社会史和经济史对科学史的关系”。他通过考察得出结论：科学经历了相当长的历史，经历了相当多的变化，而这些变化又都和其他社会活动相联结。也就是说，科学为人类文明的一种历史性实践活动，并与其他种种人类活动相互作用着。科学上的每一个重大时期都相当于一次社会和经济变化。

贝尔纳的科学社会历史观，道出了科学历史过程的复杂性和不可逆性，更倾向于把当代科学看作一种社会行为或者说是一种社会建制，把科学看成是社会中的一个要素抑或是社会中的一个子系统。从科学的外部形态看，相应于整个社会，科学也是改变社会同时又为社会所制约的社会系统中的一环。科学建制的内部和建制本身的结构在外部条件的变化下，是可以改变的，可以使它朝向一定的目标发展。他认为，科学已经发展到可以对自身进行认识的程度。它必然可以清理出隐藏在自身当中的政治、经济、文化等因素，因而它也必然可以认识到何种因素在其自身的进展中起到了何种作用，进而适时进行调整，以使自身向一个特定的目标前进。科学的社会历史性成为科学宏观可调控性的前提。

2. 科学的宏观可调控性

贝尔纳从科学的历史入手，利用政治经济学的方法对科研生产资料、生产关系等进行了全方位考察。他认为，现代科学已经成为一个依存于社会制度的机构，它具有自己的组织系统。作为社会子系统之一的科学系统与社会系统具有相似结构，具有能量信息的交流。我们可以通过有意识的社会干预而引起科学整个系统的变化，达到对科学调控的目的。贝尔纳认为，要实施调控就要对科学系统进行结构分析。在分析复杂的科学社会结构系统时，贝尔纳设想利用专门的信号，在选定的点上导入干扰，进而“在一定部位上表示完全的位移的噪声中探测出这种波来，从而完成测量工作”。这种结构分析可以研究带有完全不同的结构成分的同形结构，从而实施一定意义上的整体化社会工程，实现政治对科学的宏观调控。贝尔纳借用马克思主义政治经济学研究方法，将科学家视为“劳动者”。他极为重视科学家作为劳动者的特性在科研工作中的体现，致力于研究“恩主”（占有科学生产资料的权力拥有者）的决策如何影响科学家和特定科研项目的过程和结果。他认为，在资金、设备、组织、人员、教育和管理上的合理决策对科学的有效发展至关重要。贝尔纳的科学可调控性已经被战时成功的科学研究活动所证实。

科学的宏观可调控性也在于它的可预测性。贝尔纳认为，对科学的发展可以进行一定程度上的预测。一方面，可以从科学和技术自身发展的需要和规律来预测；另一方面，可以从人类实际经济生活需要出发来预测。首先，从科学内部来看，他认为，科学进步有其自身发展的一般规律。我们在考察科学研究发展前途的时候，就可以看出发展的总方向，并且可以从中得出相当可靠的结论：除在其内在需要的推动下向前发展外，科学还有着外在的实际应用的可能性，而这个可能性又会为开展这门科学的研究提供实际理由。他强调，一种合理组织起来的，有效的政治、经济力量可以使科学朝向满足人类需要及最符合人类利益的方向发展。

为了科学的预测，贝尔纳强调将科学情报定量化，从而使之适合模型分析和精确化的要求，并强调指出：对科学的发展做出预测，能够使我们未来的科学进展以及应用更加合理。科学的可预测为科学的宏观调控提供了指导。

3. 科学的民主调控

贝尔纳认为，实现政治对科学的调控，目的是使科学为民所用。政治主体作为人民利益的代理者，在科技活动过程中代表公众确认科学活动的价值，调节利益分配，规范科技活动。他特别强调，“利用科学改善人生这项工作也是根本属于政治的；就是说，这种工作，走到最后一步，必须由全体人民来决定”。

贝尔纳认为只有社会主义民主国家才能做到科学技术进步等于社会进步，才能使科技价值、政治价值和公众价值取向相互一致。他深刻地指出：“我们研究科学在我们社会里的地位和生长情况而得出的主要结论是：科学已十分重要，不应当听任科学家们和政客们来处理，要科学造福而不是作孽，就必须由全民参加。”正如法国思想家埃德加·莫兰就这一问题所阐述的：科学是一个极其重大的事情，不能唯一地交由科学家来处理。科学已变得极其危险，不能全凭政治家来处理。换句话说，科学已变成了一个国民的问题，一个公民的问题。我们应诉诸公民们。科学的进步，甚至它的继续存在都主要有赖于这一群众基础。这就是说，科技与政治价值结合的正当性必须以民众价值取向为基准。

科学的公众参与和民主控制首先表现在，社会公众要求政治力量对科技带来的福利进行有效的调节分配。贝尔纳曾呼吁：“科学也许部分地曾经是苟且得来的和用不公正的方式积攒起来的财富，但科学毕竟是一笔财富。到现在，这笔财富必须让大家来花费和添加！”这与美国社会学家戴维·迪克森的看法不谋而合，他认为政治的作用就是，重新整合被当前趋势所排斥的种种需要和愿望，把科学研究的目标从破坏性方面（如国防）调整转移到建设性方面（如健康和营养）。我们要改变对科学研究成果的获取条件，以便让目前条件下不能受益的群体能够从中受益。只要科学与社会民主紧密结合在一起，就能最大限度地控制科学的滥用，实现对科技利益的合理分配。

在主张合理分配科技利益的基础上，社会公众也要求科技主体对自己的行为负有道义和责任。贝尔纳面对自己所处的时代，他倡议由科学家和民众来对科学进行审查，保证科学的健康发展。“维持和发展科学的主要责任必须要归于科学家自身，因为唯独他们懂得这工作的性质和需要进展的方向。运用科学的责任却必须是科学工作者和一般人民共同负担。”他号召“新的负有责任的居民要知道他在世界上的位置，并且和他人联合一起依照他们对科学功能的理解行动起来”，参与科学的实际应用。

贝尔纳反对唯理性在政治中的运用。他在建议成立对科学进行规划的研究机构时，也特别强调民众参与的重要性。他指出，帮助政府规划的研究所，并不是取代群众在科学上的取舍权。正如郭贵春先生所指出的：在社会整体结构的系统目标基础上，对科学功能进行多层面的、开放的评判和社会化选择，是科学理性和民主统一发展的要求。因为只有在这开放性中，科学功能才能得以存在和实现，而在封闭性中只会走向窒息和衰亡。归根到底，科学的意义和价值的最后评定是出于人民。

合理分配科技利益、规范科技主体的行为是贝尔纳科学政治学让公众参与和民主控制的主要目的。他的科学的公众参与和民主控制，更多地表现在一个形式的逻辑上，而未能提出具体保障方案。这也是贝尔纳科学政治学给后人留下的一点遗憾。这一遗憾导致了贝尔纳科学政治学的实践疑难，主要表现在历史上的一些科学政治灾难。这一缺陷急需后人来研究弥补。如果能获得对科学技术的民主掌控，它必须建立在一个更加充实的策略上，而不仅是建立在公众参与决策的逻辑上。它应包括一个科技控制的政治尺度，涉及一个科学决策的控制模式，以确保让更多的公众参与到对科技的控制中来，实现贝尔纳构建的科学与政治的和谐、科学为民造福的夙愿。

（作者：韩来平　邢润川）

默顿

“科学社会学之父”

罗伯特·金·默顿

（Robert King Merton，1910—2003）

罗伯特·金·默顿，20世纪最具影响力的社会学家、科学社会学的创始人，于2003年2月23日辞世，享年93岁。在逾70年的学术生涯中，他以追求真知为最高目标，无私探索，成就卓然，为世界留下了巨大的精神财富。

由于其杰出的学术成就，默顿获得很高的国家荣誉和国际声誉。他是美国社会学界少有的科学院院士之一，还是英国和瑞典皇家科学院的外籍院士。他曾任美国社会学协会主席（1956—1967）、美国东部社会学协会主席（1968—1969）、科学的社会研究学会首任主席（1975—1976）。由于默顿对科学的社会研究的特殊贡献，1994年9月8日，克林顿总统在白宫授予他最高的学术荣誉——“国家科学奖章”，默顿成为获该奖的第一位社会学家。默顿被称为“社会学先生”，“如果社会学界颁发诺贝尔奖的话，它无疑是属于默顿的”（他的儿子罗伯特·C. 默顿是1997年度诺贝尔经济学奖的得主）。

一、贫寒但不贫乏的童年

1910年7月4日晚上，默顿降生在离著名的费城“独立广场”只有8个街区的一所楼房。父亲是一位东欧犹太移民，在费城南第三大街开了一家出售牛奶、黄油、鸡蛋的商店。由于父亲的勤劳经营，一家人生活还算过得去。但几年后，这个没买保险的小店意外着火而被毁，家庭财产严重受损。他父亲只好去了一家海军船坞当一名木匠助手，家也搬进了一幢不大的红砖平房，过着一种都市之村的“体面穷人”生活。后来，父亲失去了工作，家庭处境艰难，“几乎处在社会结构的最下层”。

但是，童年的默顿并没有产生“被剥夺感”，因为有很多公共资源就在他身边。在他只有五六岁时，就“拥有了”一座图书馆。这个离家只有几个街区的约有万册藏书的图书馆，是由安德鲁·卡内基出资开办的。从孩童开始，默顿就在这里度过了无数光阴，沉浸在知识的海洋之中。他对文学、科学、历史特别是传记和自传很感兴趣。在此，他读了大卫·布鲁斯特所写的引人入胜的《牛顿的生活》一书，这可视为他后来在写博士论文时对《国家传记辞典》进行量化分析的前奏。随着年龄的增长，他还接触了许多欧洲文学，如易卜生、福楼拜、萧伯纳等人的作品。

除卡内基图书馆之外，别的公共资源也让默顿受益匪浅。离图书馆不远的地方有一个“绘画俱乐部”，它是专为寻获不得意的艺术天才而设立的一个庇护所。小默顿也常光顾那里，但他觉得自己在艺术上没有特长。为此，离家稍远的音乐学院成了他更喜欢去的地方，他经常步行去那里听管弦乐队的音乐会。这些公共文化设施把默顿带入了一个新的天地。

后来，默顿在回忆起自己的童年和少年生活时，意味深长地说道：“表面上被剥夺的费城贫民窟，恰恰为一个青年人提供了各类资本——社会资本、文化资本、人力资本，总起来可称为公共资本，即除了个人金融的各类资本。”正是这些公共资本，使家境贫寒的默顿的童年生活变得充实、富有、多彩。童年和少年的这些经历为默顿后来提出重要的社会学概念“机会结构”带来了启发（默顿喜欢且善于从自己的生活经验中提取社会学概念）。

少年默顿无疑是一位书迷，但不是书呆子，他有较强的动手能力，曾独立安装过一台晶体管收音机。他还是一位出色的业余魔术师。自默顿的父亲失业后，他一家再次搬迁，有缘认识了新邻居查尔斯·霍普金斯，一个善于玩魔术的小伙子（后来成为职业魔术师）。

当霍普（默顿对霍普金斯的昵称）向默顿传授变戏法的技巧时，他几乎成了默顿心目中的偶像。在 14 岁时，默顿已是一位相当熟练的魔术师。他经常在生日晚会或其他聚会上表演节目，自取艺名为 Robert Merlin，Merlin 是古代的一位男巫。霍普觉得默顿用一位古代男巫的名字作自己的艺名有点陈腐，默顿就在 3 年后进入坦普尔大学时，把 Merlin 改为 Merton 进行注册。

霍普对默顿童年和少年乃至一生的影响不可忽视。业余魔术师生活启发了他“角色模式”概念的产生。而霍普对默顿一家所提供的物质上和精神上的帮助，使默顿把霍普视为“代理父亲”。在 1967 年出版的《论理论社会学》一书的“致谢”中，默顿深情地写道:“霍普金斯对本书写作起了最早最大的影响，现在对他致谢已是言不及义和为时过晚。因为有了他——我姐姐的丈夫——很多人都提高了人的尊严。只要我们这些与他接触过的人还活着，他就活在我们心中，满怀热爱、尊敬的感激之情，我将此书献给霍普——

一位通过自学而可施教于他人的人。”

二、哈佛的良师益友

机缘在默顿的一生中扮演着重要的角色。默顿本人也认为他的事业都与“偶发奇缘”相关联，是“偶发奇缘”把他带入坦普尔大学，也是“偶发奇缘”把他送入哈佛大学。

哈佛大学，对默顿来说具有特殊的意义，充满着令人回忆的惊喜。在这里默顿幸运地遇上了几位哈佛大学的名师，在他们的共同帮助下奠定了坚实的学术基础。

1. 在索罗金与帕森斯之间

20 世纪 30 年代初，哈佛大学成为美国最重要的社会学研究基地，吸引了众多颇有天赋的学生。不过就默顿而言，与其说是这所大学，还不如说是索罗金把他吸引到了哈佛大学。

索罗金是 20 世纪一流的社会学家之一，一生颇具传奇色彩。他出生于俄罗斯一个偏僻的山村，曾当过俄罗斯临时政府内阁总理亚历山大·克伦斯基的秘书。因政治原因，三次入狱、流放，一次差点儿被处决。前两次是因参与革命受沙皇的迫害，后一次是布尔什维克对他的处罚，幸有列宁的直接干预才得以出狱。索罗金 34 岁时移居美国，1930 年成为哈佛大学社会学系第一位教授，他也是该系的创立者和第一任系主任。早在默顿就读于坦普尔大学时，通过他的社会学启蒙老师乔治·辛普森的引见，在一次全美社会学年会上认识了已负盛名的索罗金。一见面交谈，默顿就觉得索罗金就是他要寻求的老师。这一方面是由于索罗金学问渊博，特别是对欧洲文化有深刻的理解；另一方面，也许与当时默顿本人的政治倾向有关——在二三十年代美国的大萧条时期，他与许多坦普尔大学的学生一样，是一位温和的社会主义者。

凭着优异的成绩，默顿顺利地获得了哈佛大学的奖学金，并成为社会学专业的首届研究生，不久又做了索罗金的研究助手。索罗金的指导对默顿的成长影响很大，“他帮助我摆脱了思想的狭隘性，即把社会的有效研究局限在美国本土，他也帮助我摆脱了在贫民窟环境中养成的思维方式，即把社会的基本主题集中在社会生活的表层问题上”。虽然默顿没有接受导师的理论定向——欧洲社会思想，但他与索罗金就社会学中的广泛问题，包括科学的社会方面的问题进行过深入的研讨。一次，索罗金受人之约，答应为一个协会写一篇介绍最近的法国社会学方面的文章。繁忙之中的索罗金问默顿是否愿意替他操刀。这正中默顿下怀，因为他一直对欧洲社会学怀有浓厚兴趣。他夜以继日地工作，很快写出了《近期的法国社会学》和《迪尔凯姆的社会劳动分工》两篇论文，分别登在 1934 年的《社会力量》(12)和《美国社会学杂志》(40)上，这是默顿最早发表的两篇文章。这一工作为他后来建构结构和功能分析的模型打下了基础。默顿获得博士学位后，留校任教，当索罗金的助教，两人之间多有研究合作，共同发表了《阿拉伯的智力发展过程(公元 700—1300 年)》(1935)、《社会时间：一个方法的和功能的分析》(1937)等文章。

虽然是索罗金把默顿吸引到哈佛大学，但后来对默顿社会学思想影响最大的，却是当时还毫无名气的青年讲师塔尔科特·帕森斯。帕森斯小索罗金13岁，可谓晚辈后生，但其学术魅力，则有过之而无不及。研究生们更愿意追随帕森斯，“尽管我们是著名的索罗金的研究生，但是我们那个小集体却更乐意同不著名的帕森斯一起工作”。一些学生“身在曹营心在汉”令索罗金不快，这也成了索罗金与帕森斯长期不和的原因之一。

青年帕森斯何以有如此神力“抢”走大名鼎鼎的索罗金的研究生呢？主要在于他所开创的结构功能主义理论的巨大魅力。帕森斯的代表作《社会行动的结构》一书虽然到1937年才出版，但在5年前他就已“口头发表”，即在讲课中介绍他的理论，这给研究生们留下深刻的印象，他本人也在学生心目中树起了高大的学术形象：“好久以前帕森斯就成为社会学界的元老之一，他是我们这些人心目中的青年的元老。”

作为学生，默顿在理论上与老师帕森斯一脉相承，学习、继承他所创立的结构功能主义的传统。但默顿并不是一个循规蹈矩的学生，他并不盲从帕森斯的综合社会学理论体系，而是大胆地提出疑问。他认为，建立一个包罗万象的一般社会学理论的条件还未成熟，社会学还不到出现爱因斯坦的时候，因为还没有开普勒，更不要说还得有牛顿、拉普拉斯、吉布斯、麦克斯韦和普朗克。对于默顿的质疑和含蓄的批评，帕森斯表现出一个真正学者的风度，他表示尊重默顿的“不虔诚”，两人都有理由坚持自己的观点。

1979年，也就是默顿退休的那一年，帕森斯去世。默顿对自己的老师予以高度评价：“帕森斯的去世，使得社会学的一个时代结束了，当一个新的时代开始……将为他留给我们的社会学思想的伟大传统而鼓舞。”

2．“两顿”之交

在哈佛大学，激发起默顿对科学和技术的社会学兴趣的，不是社会学家索罗金，也不是帕森斯，而是一位经济史家 E. F. 盖。盖爱好社会学，一直专注于档案研究。默顿曾选修盖的课程，盖布置他写一篇评析 A. P. 厄舍的《机械发明史》的小论文。盖很欣赏默顿的文章，并建议他去旁听当时哈佛大学唯一的科学史课程，该课程由生物学家、业余社会学家 L. J. 亨德森和萨顿联合讲授，这样默顿与萨顿就结下了不解之缘。

乔治·萨顿是当时哈佛大学科学史系系主任和初生的科学史学科的世界性权威，默顿称他为科学史学的总设计师。萨顿关注科学发展的社会方面，“对科学史怀有社会学视角的人文兴趣”。在旁听生默顿心中，萨顿是一位令人敬畏的师长。因此，直到他开始撰写博士论文时才敢寻求萨顿的直接指导。

1933 年秋的一天，默顿壮着胆子敲开了萨顿有名的个人图书馆——Widerner 189 工作室的大门。萨顿热情邀他进屋。默顿向萨顿介绍了他的博士论文《17 世纪英格兰的科学、技术与社会》的写作计划，萨顿没有热情地赞同这个对于一名研究生来说显得过于宏大的计划，但也没有否定，只是提了一些建议。从此，默顿就成为萨顿的学生，“一个难以驾驭的”学生。

萨顿“是一位除了书信朋友，很少有亲密朋友的人”，但是他对学生，即使是偶然的学生，也是非常友好和善的。对默顿更是恩宠有加，他允许默顿自由地使用他的 Widerner 189 工作室，一直持续 3 年多的时间。在默顿学术成长的关键时期，萨顿起了关键的作用。默顿回忆道：萨顿“在一个我的训练只能算作一个入门者的领域里给予热情的鼓励和指导”，“把我从一个研究生转变为一个能与国际水平的学术共同体进行对话的新秀”。在萨顿与默顿的师生关系中，不能不提到萨顿创办的著名期刊《爱西斯》和《尤西里斯》。“近水楼台先得月”，默顿理所当然成为《爱西斯》和《尤西里斯》的直接受惠者（当然也是贡献者）。从一开始，《爱西斯》就向默顿开放，在他读研究生期间，就有 8 篇评论文章被《爱西斯》采纳。这极大地激发了默顿的写作热情（此间他也给其他杂志写了大量的评论文章），并成为他学术进步的催化剂和个人转变的动因。

1936 年春，默顿进行博士论文答辩，萨顿是 4 位评委之一。索罗金请萨顿首先提问，萨顿的第一个问题是：“默顿先生，请你告诉我，是谁发现了血液大循环？”这一问把默顿惊呆了，他怎么提这么简单的问题？

默顿回过神后答道：“当然，血液大循环是威廉·哈维发现的。有人认为他于 1616 年已在他的讲座笔记中明确指出，但直到 1628 年才公开发表。但另有人主张……”

接着默顿又借题发挥：“但是对科学史家而言，像几年前您在您书中的导言所说的，新的激动在于新的证据。13 世纪阿拉伯外科医生纳菲斯的确发现了小循环，而更早以前首先独立发现的是塞尔维特和稍晚的哥伦布。但应指出，他发现小循环不是通过解剖（解剖在他们的文化中是禁忌），而是通过理论推演得出的。而且……”

默顿讲到这里，萨顿显得很激动，他突然站了起来，敲打着桌子，大声说道：“你怎么知道那正在证实的证据呢？我的老朋友麦克斯·迈耶霍夫在开罗发现了几个阿拉伯手稿，并发表在德国的一家专业医学史杂志上，你不可能看到它。后来他给我寄来压缩译稿，拟登在《爱西斯》上，但因杂志延误还未发行。告诉我，你究竟是怎么知道这个新证据的？”

此时，默顿已不是得意而是焦虑，不过，他还是继续解释说：“萨顿先生，您知道，当我在您的 Widerner 189 工作室学习时，我常读一些放在长方活字盘上的文章，恰好碰到了迈耶霍夫的那一篇。”

这段插曲从一个侧面反映了萨顿与默顿很不一般的师生关系。萨顿的本意也许是，先问一个简单问题，让默顿放松，但没想到让默顿得到了一个表演博学的机会。萨顿并不为此而高兴，反而觉得自己受到了很大伤害，因为他担心社会学系的评委会认为他们师生在作秀。

默顿获得博士学位后，被萨顿聘请为《爱西斯》的助理编辑，负责有关科学史的社会学方面的文章编辑。特别值得一提的是，正当默顿为他的博士论文的出版犯愁时（当时正值美国的大萧条时期，出版经费很难筹集），萨顿主动提出，在《尤西里斯》上以专论系列的形式发表他的长篇博士论文《17 世纪英格兰的科学、技术与社会》。这令默顿大为吃惊且终生难忘，他说这是萨顿给他的最大“礼物”，令他的同学嫉妒的“礼物”。

后来，默顿因别的原因，辞去了《爱西斯》助理编辑的岗位

（此岗后来一直空缺），并离开了哈佛大学。但是默顿与萨顿的联系并没有终止，他们之间保持了25年之久的书信友谊，直到萨顿去世。

3. 动人的三重奏

哈佛大学具有跨学科交流的传统，系与系之间的差别并不构成人们彼此相互认识、相互了解对方兴趣的障碍。在20世纪30年代的哈佛大学校园，出现了一个由默顿、I. B. 科恩和B. 巴伯组成的三人小组。默顿称之为三重奏，意指他们三人对社会学与科学史之间可能存在的关系具有共同的兴趣，常常在一起进行跨专业的思考、讨论和交流。

在这三重奏演出小组中，默顿最年长，科恩居中，巴伯最小，年龄依次相差4岁。当时，默顿已留在社会学系任助教和辅导员，巴伯是该系本科生。科恩为哈佛物理系学生（比库恩早6届），1937年获学士学位后，进入研究生阶段的学习，就读于美国第一个有权独立授予学位的科学史博士点（在此之前，科学史的博士学位都是由历史系和某一自然科学系共同授予的），师从萨顿。导师萨顿以他特有的百科全书式的眼光，要求科恩通晓科学、语言、历史、哲学等领域，在他看来，这对于一个合格的科学史博士学位是必不可少的。科恩用了10年时间达到了导师近乎苛刻的要求，从而成为继艾丁之后在美国获得科学史哲学博士学位的第一人。这已注定了他将成为萨顿在哈佛的接班人。

1938年春，作为一名研究生，科恩成为默顿的后继者，在萨顿的Widerner 189工作室获得一个桌位，与5年前默顿来到这里的情形几乎一样。在这里，科恩不但可以读到萨顿私人的科学史方面的藏书，而且还可以看到让《爱西斯》写书评的新书和杂志，以及寄给《爱西斯》的打印稿。当科恩一看到发表在《尤西里斯》上的默顿的博士论文，就马上被吸引住了。“默顿对我来说是一位可敬畏的英雄。他是我唯一遇到的基于有关科学史的研究而获博士学位的学者。”作为第一批读到默顿著作的读者，科恩深感兴奋。默顿的量化分析、对科学与清教关系的探讨、有关“纯”科学家的研究动机问题，以及大量文献的应用，给他留下了深刻的印象。但是，他也产生了一些困惑，诸如这样的问题：这就是一个特定历史时期近代科学兴起的社会学分析？或者说它是一个注入了社会学定位和视角的历史研究？它是一个对或许被历史学家所忽视了的社会学的贡献？或者说它是一个不需被社会学家思考的历史解释？正由于这些困惑，与默顿面对面的对话就显得更为必要了。

三重奏的主旋律是社会学与科学史的关系。他们自导自演，通过不断的信息和思想交流，促进理解并相互提高。他们的行为无疑得到了很多老师的支持，特别是萨顿给他们提供了不可多得的条件。巴伯在他的代表作《科学与社会秩序》一书的致谢辞中也曾提到这一点：“我本人算不上乔治·萨顿的学生，但在我们长期和愉快的相处中，我从他那里学到了关于科学史和人文主义的本质的东西。他总是最慷慨地允许我利用他那 Widerner 189 私人图书馆。”随着交流的继续，默顿发现，三人间“认识的和社会的互动日益得到加强”，“只是偶尔觉得学科界限阻隔了我们的交流”。不过，他们并没有想到，在不久的将来会出现像科学的历史社会学这样的领域，它完全不同于像默顿的《17 世纪英格兰的科学、技术与社会》那种专题研究领域。随着默顿离开哈佛大学、巴伯去海军服务，这一动人的三重奏就告以终曲，尽管后来默顿与哈佛大学的科恩仍保持断断续续的联系。巴伯完成服役后又返回哈佛大学，并成为新一轮跨学科交流的桥梁。社会学家和日益增加的青年的科学史家群体（以库恩为代表）的广泛交流、互动，在 20 世纪 40 年代的哈佛大学又出现了一个跨学科的无形学院。

三、哥伦比亚的同事弟子

1. 与拉扎斯菲尔德的经典合作

1939 年，默顿离开哈佛大学去了新奥尔良的图兰大学任教授和社会系主任，两年后转入哥伦比亚大学任教，直到 1979 年退休。在这里，他开始了一个完全没有料到的学术生涯：与同事保罗·拉扎斯菲尔德进行了长达 35 年的难以置信的合作。

保罗生于维也纳，25 岁获应用数学博士学位，30 岁时移民美国，后创立哥伦比亚应用社会学研究所（美国第一个依托于大学的社会调查中心）。保罗与默顿，两人具有完全不同的知识背景、研究取向和学术风格。前者是一位具有数学头脑的方法论专家，精于经验研究；后者是一位地道的社会学理论家，擅长理论研究。前者是在大众传播、投票行为、舆论引导和个人行为等方面进行经验研究的先行者；后者则是致力于功能分析的范式，并应用它来研究各种社会制度的开拓者。前者是一位热衷于集体研究的组织者，后者是倾向于独立探索的思想者。但是这些差别，并没有成为他们合作的障碍，反而成了他们互补的优势。

在默顿来哥伦比亚大学之前，保罗已在领头从事广播的社会效果研究（该项目由洛克菲勒基金会发起和资助）。当时，保罗还是讲师。后来，有一个社会学教授岗位空缺，但系里不能就提名取得一致意见，问题是，是让一位强调社会理论的人还是由一位主要关心经验研究的人来担任这一职位。最终的结果是，把教授职位分解为两个较低的职位，即分别由默顿和保罗担任副教授。这一情况使默顿与保罗的关系变得不那么简单。1961 年，专栏作家亨特在《“纽约人”剪影》一文中，生动地描述了他们两人之间的微妙关系：

> 在 1941 年 11 月，保罗觉得，作为年长者，他应显得行为得体，承认“对手”的存在。于是他邀请默顿共进晚餐，但是，就在约定好的下午，他接到“事实与数字办公室”(OFF，它是“战争情报办公室”OWI 的前身)的紧急召唤，要求他当天晚上对一个新的广播节目做一个听众反应检验，这一节目是 OFF 专门设计的，作为战前士气培养计划的一部分。当默顿携夫人到来时，保罗在他公寓的门前迎接他们，并说“太好了，你们能来这儿，太好了。可是，亲爱的默顿，先别脱下大衣。我会给你一个社会学上的惊喜。我俩不得不离开身边的女士和小姐去单独用餐，当然会尽快回来”。然后，保罗带着默顿匆忙奔向一个广播工作室，在那里已有一群人正在收听“这

就是战争”的录音节目……节目后，保罗的助手开始询问听众喜欢或不喜欢这个节目的理由，这时，默顿又重新振作起来。默顿很快就察觉到刚才那种提问方式的理论缺点，于是他草写了一张便笺传给保罗……当第二拨听众进入工作室，保罗问默顿是否愿意节目后做些提问。默顿做了。保罗称赞道：“做得太好了。我们必须进一步讨论它，让我们打电话告诉女士们，使她们知道我们仍在密切合作……”工作完了后，他俩一起去了一家俄罗斯啤酒馆，谈论社会学，直到午夜。

据保罗后来回忆，他当时没有谈社会学，而是谈了他试图建立应用社会学研究所的设想，以及希望默顿加盟的愿望。

默顿参与保罗创建研究所的活动后，他们很快地找到了合作的共同的基础。他们由竞争的对手变成了合作的伙伴，一起从事一个又一个的应用研究项目。具体分工是：保罗负责对一系列方法论的出版物进行摘要、提炼，默顿则从各个经验报告中得出理论观点。他们彼此取长补短、互相影响、互相促进。起初，默顿几乎从不过问自己的研究对委托人是否有用，但在保罗的影响下，这一超然态度发生了根本的改变。在二战期间，美国政府加强对社会科学研究的利用，默顿和保罗一道参加了许多由政府组织的应用研究，如《美国士兵》研究。1948 年，社会科学研究理事会召开会议，讨论应用研究与基础研究的关系，默顿被邀做定基调的报告。“通过他在哥伦比亚应用社会学研究所的工作，作为一个领头的社会理论家，默顿又获得了作为一个在社会研究的实际应用方面的专家的声誉。”默顿和保罗共同撰写了《广播和电影宣传的研究》(1943)、《大众传播、流行品味与组织化社会行为》等文章，整理了后来被广为使用的“焦点访谈”方法，最成功的莫过于他俩编辑的《社会研究中的连续性：关于〈美国士兵〉的视角和方法的研究》(1950)一书。后来默顿回忆道：“在我生命的较后的时期，我从同事拉扎斯菲尔德那里学得最多，但是他本人并没有意识到，在我们长达三分之一世纪的合作中，他已教给我许多东西。”

在一起共事的日子里，他俩几乎每个工作日都要面对面交换意见。默顿是一位生活有规律、工作很尽职的人，常常是上午 9 点来到办公室，下午 5 点离开。保罗由于行政事务较多，往往要 5 点后才有空。当他来找默顿探讨问题、商量工作时，往往碰不到面。保罗不得不拿出特殊一招，即每当 4 点 45 分时，他就来到默顿办公室，每次都带来一个默顿一定感兴趣的问题，这样使默顿欲走不能。于是交谈、讨论、争论就不知不觉地延续到 6 点、7 点，乃至 8 点。这个故事后来在所里被传为佳话。

默顿与保罗的科研合作，可谓是独一无二的典范。他俩珠联璧合、相得益彰，建立了强调理论与经验相结合的“哥伦比亚学派”，开拓了社会学应用领域的新视野，发展了一系列行之有效的研究方法。

2. 名师高徒、教学相长

默顿既是一位杰出的学者，也是一位出色的教师。他与保罗联手开设研究生班，培养出一大批具有良好的理论素养又精通经验研究的优秀学者，像詹姆斯·科尔曼、刘易斯·科塞、罗斯·科塞、彼得·布劳、西摩·马丁·李普塞特、阿尔文·古尔德纳等，他们都是美国社会学界举足轻重的人物。此外，默顿还通过在哥伦比亚大学设立专门“科学社会学研究项目”，培养了像哈里特·朱可曼（后来的默顿夫人）、科尔兄弟、托马斯·吉尔林等优秀专业人才。

在默顿看来，学者角色和教师角色是统一的，“教学本身就是一种学术模式”。他深谙教学相长的道理，强调师生的良性互动：“社会的和认知的相互作用在一定程度上总是双向的，虽然互动过程的参与者可能在地位、能力和权威方面并不对等。”当一批批像科尔曼这样的有天赋的学生来到哥伦比亚大学社会学系，这里就成了一个唤发智力的场所。在共同的追求下，师生相互影响（并不对称）、相互促进。老师把他的最新研究成果，通过“口头出版”的方式零距离地传给学生，学生以赞同、喝彩或者批评、质疑的方式反馈给老师，从而不断加深对问题的理解。讲授或讨论中往往诱发着新的观念，默顿总是注意在课后修正他的教案或讲稿，不断增添新的内容，并以此为乐。“每当我对一个主题或问题的反思，在讲授或讨论的过程中被新的试探性观念所取代或超越，那就是我特别愉快的日子。”

作为一位教师，他启发了无数人对社会学的兴趣，正如其高足科尔曼所说：“默顿使社会学具有了神圣的感召力，一个人一旦受到默顿的感染，将毕生为之奉献。”默顿的确有这样的感召力，科尔曼本人在哥伦比亚大学的求学经历就可让我们略见一斑。

科尔曼是美国著名的、多产的社会学理论家、方法论专家。1951 年夏，25 岁的科尔曼来到哥伦比亚大学，他本来是作为伊士曼柯达公司的一名化学师来深造的。但是，化学化工并不能激发起他的学习热情，使他全身心地投入。科尔曼是一位求知欲强、有个性的学生，但自中小学以来就觉得老师们没有很好地启发他的兴趣，从而对教师抱有一定成见，对教育表示悲观。他曾玩世不恭地说："只要他们不毁掉我们的兴趣，我别无他求。"

但是，默顿的一堂课，确切地说是 9 个月的课程，完全打破了他长期以来形成的成见和悲观。

那是当年秋季，默顿面向全校开设了一门"社会结构的分析"的课程。科尔曼带着几分期待来到座无虚席的 Fayerweather 313 教室。第一堂课下来，他就觉得默顿与众不同，与许多别的学生一样，产生了从未有过的兴奋。当该课程结束时，他觉得自己像吃了魔药、着了魔法似的已离不开社会学，并仿佛听到了"一个值得终生追求的召唤"。

默顿年轻时虽是一位业余魔术师，但是他早已不再玩弄魔法。是什么力量使科尔曼的思想发生如此大的转变呢？那就是默顿作为一位教师所具有的人格的、理论的、思想的和方法的魅力。

第一，默顿是一位对他所追求的事业——"发现社会如何运转"高度投入的人，一旦进入"状态"就全神贯注、心无旁骛。默顿把这种精神带到了课堂，深深地感染了他的学生。第二，默顿的"中层理论"，像 20 世纪 30 年代帕森斯的宏大理论一样，对学生产生了很大的吸引力。第三，默顿具备惊人的批判精神和批判能力，任何理论作品漫不经心的推理和不充分的证据都不能逃脱他的眼睛。第四，默顿不但注重理论，而且注重方法。他教给学生一套分析和评价理论作品的工具，并以帕森斯刚刚问世的名著《社会系统》（1951）为靶子做系统分析，使学生很有收获和成就感。第五，默顿多样的兴趣、广阔的视野及跨学科的比较，激发学生产生新的兴奋点。

科尔曼仅仅是默顿众多学生中的一位代表。默顿在与其学生的互动中，形成了教学相长的良性循环。一方面学生受到老师的引导和影响，受惠于自己的老师；另一方面又支持、促进着老师的教学和研究。正如英国出版的一本《社会科学百科全书》在“默顿”条目下所写的：默顿的声誉最可靠地建立在他创立了科学社会学这一学科之上，当然，少不了他哥伦比亚的同事和学生的帮助。

四、默顿的遗产

默顿一生勤于探索、笔耕不辍。他是一位不知疲劳的工作者，也是一位对待工作一丝不苟的完美主义者。他通常是在早晨 4 点半就起床，从事他的研究项目。在他生命的垂暮之年，他依然坚持读书写作；在他生命的最后岁月，他顽强地与 6 种癌症做斗争；在他生命的弥留之际，他仍在整理自己论述“偶发奇缘”的文稿。《偶发奇缘的旅行和冒险》一书的英文版已由普林斯顿大学出版社于 2004 年出版。长年的辛勤劳作，结下了累累硕果。他一生共出版著作 20 多部，发表论文 200 余篇、书评约 120 篇。这些作品展现了默顿广泛的学术兴趣：从毒品迷恋到专门职业，从社会失范到社会时间，从友谊形式到角色冲突，从功能分析到科学的精神气质，从医学教育到多重发现，从官僚结构到中古格言的起源。由于默顿拥有如此广泛的知识面，他的学生 L. 科塞把默顿比作“以赛亚的狐狸”，而把帕森斯比作豪猪（以赛亚曾引用过一位古希腊诗人的话说过：“狐狸知道许多事情，而豪猪知道一件大事。”）。但这并不意味着默顿的研究没有侧重点、主攻方向和系统性。“我的主要方向是社会学理论、研究方法和经验研究之间的关系。”他偏好以论文的形式写作，其理论观点多具原创性、启发性和开放性。他行文言简意赅，“许多作品是如此的明晰，以至于人们不能想象为什么没有别的人费心去指出它”（E. 加菲尔德语）。默顿是无可争辩的 20 世纪最具影响力的社会学家，他的文章被广泛引用。据信息科学家加菲尔德引证分析证实：默顿的影响远远超出了传统的社会学领域。他利用 SCI 和 SSCI 对 1970—1977 年期间的资料做了统计，发现共有 2541 篇论文引用过默顿的著作。其中社会学 925 篇，占 36%；其他社会科学 1413 篇，占 56%；自然科学 203 篇，占 8%。令人难以置信的是默顿的观念和理论对医药学、精神病学、信息科学、物理学、生物学等自然科学也产生了一定的影响。他的影响也早已超越了国界，其著作至少已被翻译为 28 种语言。

现在，默顿已离我们而去，但他给我们留下了巨额的精神财富。如一位多年研究默顿的美国学者所说：“很少有社会学遗产是如此的丰富和饶有风味……默顿一生的全部作品已成为一个富有活力的、意义深远的思想系统，一个现代和未来社会学的更新与生机的源泉。”在此，我们无法对默顿的丰硕成就进行全面评介，只能做一简要概括。

1. 创立科学社会学

默顿学术兴趣广泛，在他众多喜爱的领域和主题中，科学社会学是他的最爱。如他自己所说：“在各种社会学主题中，只有一个特别的领域——科学社会学持续地吸引着我的兴趣。”早在20世纪30年代初，当时的科学社会学像“克莱奥的继子”一样被人们所忽视，默顿就全身心地投入科学的社会研究特别是《17世纪英格兰的科学、技术与社会》的研究。半个多世纪以来，默顿总是站在科学社会学研究的最前沿，参与、引导和支持着这一学科的发展。到20世纪六七十年代，科学社会学作为一门专业学科的地位得到确立，默顿也被尊为“科学社会学之父”。连默顿的批评者、“社会建构主义”的代表人物之一卡林·诺尔塞蒂纳也承认这一点：

> 即使默顿的敌人也承认默顿是科学社会学的创始人。当他1938年发表其经典之作《17世纪英格兰的科学、技术与社会》时，科学社会学还是一个未被承认的领域。50年后，美国和欧洲已出现了大量的有关科学和技术的社会研究的项目和研究中心，科学社会学作为社会学的一个分支学科的地位已确定无疑了。

默顿作为这一新兴学科的开门人和守门人，率先研究科学的制度化问题，提出“默顿命题”，阐述科学的规范结构、科学的评估与奖励系统、为优先权而竞争、独立的多重发现、马太效应、局内人与局外人等主题，在极其广泛的方面做出了开拓性的贡献。其核心贡献在于：创立了科学社会学的概念和工具框架，并提出了默顿式的研究纲领——主要追踪、探索科学的社会文化条件，尤其是包含着独特规范和价值的科学制度本身的社会结构影响科学发展的方式。

2. 提出一系列产生深远影响的社会学概念、理论和方法

第一，倡导、致力于“中层理论”。默顿反对那种过于哲学化的包罗万象的社会学理论，他主张介于宏观的概念框架与微观的可操作假设之间的“中层理论”。“社会学需要有中途驿站”“社会学只有侧重于（但不仅仅）中层理论的研究，才会有所发展；否则，如只注重发展综合的社会学体系，社会学就会停滞不前”。“中层理论”的例子有失范理论、角色冲突理论、参考群体理论、相对剥夺理论、社会流动理论、社会分层理论、权威理论、制度的相互依赖理论、社会规范的形成理论、社会分化理论、种族冲突理论、阶级和国家冲突理论等。与帕森斯所追求的“宏大理论”相比，“中层理论”的抽象层次较低，与经验世界发生联系，其假设较易为经验性研究所检验。这一理论主张已为大多数社会学家接受和应用，影响了几代人的社会学思维。默顿也对许多“中层理论”做出了实质性的贡献，最著名的是他的失范理论，50 多年来，已有超过 250 篇文章和著作对它进行描述、扩展、检验、修正和批评，从而产生了深远的影响。

第二，完善功能分析范式。默顿批评了早期功能分析的三个有问题的假设（即功能一体性、功能普遍性、功能必备性假设），提

出了作为引导整合理论和经验研究的功能分析范式。默顿认为结构的功能分析应集中关注群体、组织、社会和文化，“社会角色、制度模式、社会过程、文化模式、文化模式化情绪、社会规范、群体组织、社会结构、社会控制机制”是功能分析的主要对象。默顿强调功能分析的焦点是社会的功能，而不是个人的动机，不能把个人的主观动机与制度或结构的功能混淆在一起。为使功能分析符合实际，他提出了诸如非功能、负功能、净平衡、功能分析层面以及显功能和潜功能的概念。“默顿的发展功能分析范式的努力是现代功能主义的最重要的一曲。”其成果不但对于打算从事功能分析的社会学家很有用处，而且克服了原始功能分析过于粗糙和保守的缺陷，从而使功能主义打开了有意义变迁的通路。

第三，提出了许多具有广泛影响的专业术语。如潜功能与显功能、反功能、自我实现预言、目标置换、角色模式、角色丛、地位丛、退却主义、机会结构、本地人和世界主义者、马太效应、研究中的偶发模式、社会学的矛盾选择等。它们都已成为现代社会学的核心概念，有的甚至成为日常语言。

3. 开创社会学研究的理论与经验相结合的传统

在西方社会学界存在着一种社会理论和经验研究两者脱离的倾向和现象。一方面，一些社会学家热衷于笼统的概括，并急于尽快地找到建立宏大的社会学理论的通路，他们的格言是：“我们不知道我们所说的是否是真实的，但它至少是有意义的。”另一方面，激进的经验论者则振振有词地说：“事实就是如此，我们不管其意义如何。”也许是受自然科学研究的影响，默顿深刻地察觉到理论与经验分离的局限性，力主两者的结合。“长期以来假想的那种社会理论和经验研究的相互脱离是我始终反对的，而使两者的结合是我的贡献。”默顿的贡献就在于：一方面，他系统阐述了社会学理论研究与经验研究的相互影响、相互促进、相互结合的方式；另一方面，在他自己的科研实践中始终坚持理论与经验相结合的思想，与保罗等人合作，在诸如科层组织、大众传播、专门职业、公共政策等多个领域中取得了许多示范性成果，与此同时，还与其弟子们一道展开了一系列卓有成效的理论和经验研究，形成颇有特色的科学社会学默顿学派。

此外，默顿作为一名出色的教师，桃李遍及全美；作为一位优秀的编辑，他评阅了大量手稿，提升了无数同事和学生的出版物的水平；作为一个审稿专家，他力求遵循“普遍主义”原则，客观公正地评价同行的成果（他总共评审过 200 部书稿和 2000 篇论文）；作为一位热心的通讯员，他向全球数百名同人传递批评、鼓励和支持；作为一个公众人物，他不厌其烦地接受人们对社会学状况的询问；作为一个学术政治家，他总是试图避免科学家之间的内部冲突，并经常使完全不同的美国的和国际的社会学共同体走到一起；特别是，作为一个长期研究自然科学的社会学家，他力图使社会学成为沟通科学与人文的桥梁。所有这些，都是默顿留给我们的宝贵精神遗产。那么，究竟什么是他最重要的遗产呢？美国文理科学研究院给默顿的悼词或许能给予我们答案。

默顿终生致力于扩大我们对人类行为和动机的理解。

> 在他的著作中，集中体现了历史的视野、严密的分析、深刻的心理学洞见和罕见的广泛学术兴趣。在他的肩膀上，许多20世纪社会学的创新思想被建立起来了。

是的，默顿已打开了一个富有的知识宝藏，他思想和理论的原创性、启发性和开放性，以及对社会生活的恰当理解，就是他留给我们的最重要的遗产。

（作者：欧阳锋）

帕拉塞尔苏斯

新科学运动的领袖与怪杰

帕拉塞尔苏斯

（Paracelsus，1493—1541）

帕拉塞尔苏斯是文艺复兴时期著名的瑞士—德国医生，历来是科学史学家们激烈争议的一位重要人物。有人把他贬为“最糟糕的炼金术士、江湖骗子和无知庸医”，有人把他尊崇为近代“科学革命的真正先驱”。他的思想十分庞杂，曾受到炼金术、冶金和制药知识的影响，也深受德国民间医学、宗教改革时期的新教观念以及文艺复兴时期赫尔墨斯主义、诺斯替教派和希伯来神秘哲学思想的感染。他试图用化学来阐释人与自然中的一切现象，从而达到对上帝的完美理解。他的学说尽管表面上充斥着一些相互矛盾的论述，但却在当时的整个欧洲产生了广泛而强烈的影响，成了科学革命时期一场持续争论风暴的中心。实际上，不研究帕拉塞尔苏斯及其思想，就不可能全面准确地理解近代科学革命。

家庭教育

阿尔卑斯山连绵不断的山峦把瑞士和德国紧密地联系在一起，古老的埃因西德恩小镇就坐落在德—瑞边境的一个深山幽谷之中。小镇四周树木蔽天，群山高耸，气势逼人。大自然将其无穷的威力播洒在这块桀骜不驯的土地上，沉重地压迫着人们的意志。

1493 年 11 月 10 日，人们注意到，当太阳与天蝎座处于同一位置时，这个小镇发生了一件不同寻常的事情，该镇一个名叫威廉·朋巴斯特的穷困潦倒的医生家中诞生了一个婴儿。这就是后来那位叱咤风云的旷世奇才——帕拉塞尔苏斯。

帕拉塞尔苏斯出身卑微，母亲是埃因西德恩小镇修道院的一位女奴，父亲是当地的一名乡村医生和炼金术士。帕拉塞尔苏斯所受的家庭教育基本上来自他的父亲。

帕拉塞尔苏斯生性聪慧，从小受到父亲的影响，很早就迷上了医学和炼金术。而且，他还从父亲那里学到了有关采矿、矿物学、植物学及自然哲学的初步知识。为了让帕拉塞尔苏斯增加实践和感性知识，1502 年，他的父亲决定举家迁往奥地利南部城市费拉赫。在那里，年幼的帕拉塞尔苏斯进入当时著名的炼金术士兼财政家富格尔的矿地和冶金工场当学徒。正是在那里，帕拉塞尔苏斯学到了第一手冶金过程的知识，发现了煤矿工人疾病的特点（主要是矽肺和肺结核）。这一段经历为他后来关于金属生成的专业研究和矿工疾病的著作打下了扎实的基础。他的第一本论职业疾病的著作就是根据这种经验写成的。

孩童时代的帕拉塞尔苏斯思想早熟，面对着文艺复兴时代令人眼花缭乱的各种思潮，他始终处于极度激动与亢奋之中，恨不得挥舞利剑披荆斩棘，杀向旧世界的一切权威。为了让帕拉塞尔苏斯开阔眼界、增长学识，他的父亲把他送到当时几位著名的大主教门下求学，其中就有施蓬海姆修道院院长、炼金术士约翰内斯·特里瑟缪斯，他与大名鼎鼎的人文主义者阿格里帕交往甚密。阿格里帕是科学革命时代众多追求“现代化”的伟大思想者之一，有人认为他的思想最能反映出当时这一富于爆炸性、革命性和未来性的精神特征。正是在这里，帕拉塞尔苏斯受到了最初的人文主义教育。从此，人文主义精神深深地渗透进这位年轻斗士的精神血液中。

漫游学者

帕拉塞尔苏斯 14 岁离家求学，四处漫游。在此后的 20 多年时间里，他拜访了欧洲大陆的许多大学。他在意大利的费拉拉待了较长一段时间，并且在那里获得了医学博士学位。当时，欧洲大陆正遭受连绵不断的战争浩劫，帕拉塞尔苏斯为了获得第一手材料，继续他的研究，就到军队当了一名随军外科医生。这对于一个获得博士学位的人来说，是一个相当低微的职业，因为当时外科医生的地位和理发匠、药剂师差不多。

在游历中，帕拉塞尔苏斯十分注意向普通人学习，并从民间收集到许多治病秘方。而且，他还善于从日常生活经验中受到启发，总结出一套简便而又行之有效的治疗方法。据说，他在医书中所描述的酒和醋的一些独特疗效就是根据平常和一帮朋友们在喝酒时领悟到的。他曾经这样告诫他的读者："医生们应该掌握的所有东西都不是在学校里学到手的。他们必须时时向老人、向被称为吉普赛的鞑靼人、向四处游历的法术师、向古老的农谚、向其他许多经常被瞧不起的人求教。从他们那里，你能学到所需要的知识，因为这些人对这类事情的认识要比任何高等学府高明得多。"由于帕拉塞尔苏斯的治疗方法与传统的医学格格不入，因而总是四处碰壁，备受冷落，尤其是得不到学院派医生的承认。

1525 年，帕拉塞尔苏斯流浪到了萨尔茨堡，当时那里正爆发一场农民战争。他深知农民遭受的连绵不断的痛苦和灾难，因而对他们十分同情，并且为他们奔走呼号。他的这种言行很快就遭到当地法院的注意。为了逃避起诉，他不久便逃离了这个城市，流浪到了瑞士和德国南部一带。他试图在这里开创一个全新的局面。

机会终于到来了。在遭受了一连串失败的打击后，1527 年，帕拉塞尔苏斯在瑞士的巴塞尔赢得了他一生中唯一一次辉煌的胜利。当时，巴塞尔著名的人文主义者、印刷商约翰内斯·弗罗本腿部受到严重感染，在遍请了当时的医学权威后仍然不见有丝毫的好转，马上就要被截肢了。在绝望之中，这位新教徒想到了帕拉塞尔苏斯。他央求他在宗教改革运动中的朋友把帕拉塞尔苏斯请到家中，做最后的努力。帕拉塞尔苏斯检查了弗罗本的伤情后，断然抛弃了那些学究们的空论，用自己独特的治疗方法，保住了弗罗本的腿。这次成功的手术使帕拉塞尔苏斯名声大振，享誉整个欧洲。当时，弗罗本的挚友、荷兰伟大的人文主义者伊拉斯谟也在这里接受了他那不同寻常的而又行之有效的诊察。伊拉斯谟怀着十分感激的心情在给帕拉塞尔苏斯的信中写道："你把弗罗本、我生命的一半从地狱里带回来了。"

这次空前的成功使帕拉塞尔苏斯立即赢得了巴塞尔的市医和医学教授的职位。然而，随之而来的是医学权威们严厉的指责和攻击，他们拒绝把帕拉塞尔苏斯纳入这个等级森严的官方机构和高等学府中。因为根据当时的规定，在进入传统的机构前，需要提交一批合格的证明材料，并且还要立下一篇必不可少的誓言。然而，帕拉塞尔苏斯不仅拒绝这样做，而且还提交了一份对传统观念进行强烈抨击的《告白书》。他声称要废除盖伦的医学，而代之以一种基于他自己的第一手经验的新型疗法。这种态度显然使医学权威们大为恼火。只是由于斯特拉堡和巴塞尔的一批宗教改革家们的极力担保，帕拉塞尔苏斯才勉强在这一职位上继续待下去。

然而，好景不长，命运又一次给他以沉重的打击。1528 年 2 月，他因在一桩诉讼案中得罪了一位政府要员而被驱逐出了巴塞尔。从此，他再也没有在传统学术机构中得到提升和正式聘用。

离开巴塞尔后，帕拉塞尔苏斯首先造访了洛伦茨·弗里斯，随后在埃斯林根待了一段不长的时间，并于 1529 年到达纽伦堡。在这里，他与当地的医学权威们又一次发生了一系列的激烈争论，这主要是在用有毒的氯制剂治疗梅毒的问题上发生了重大分歧。他在纽伦堡只待了一年就迁到了贝拉茨豪森，并在这里进行他的名著《评论书》的写作。此后，他在圣·加尔又度过了两年艰难困苦的时光，写完了他的主要的医学著作《奇书》。

不久，帕拉塞尔苏斯又离开了他的朋友、病人以及设备良好的实验室，以一个俗家传教士的身份开始了他的漫游生活，他常常食不果腹、衣不蔽体，有时甚至靠行乞度日。尽管如此，但他从没有放弃他的医学事业。1533 年，他写了一本关于矿工疾病的著作。1536 年，他的《杰出的外科医生》在奥格斯堡和乌尔姆出版问世，在巴伐利亚他写下了一部论述结石病的著作，在波西米亚的克罗曼他完成了一部形而上学的著作《机智的哲学》。与此同时，他还到处发表演说，曾赢得过众多听众的喝彩，这些听众中既有黎民百姓，也有达官贵人，还有教士僧侣。

就这样，帕拉塞尔苏斯脚步不停地从一个地方走向另一个地方，一面行医，一面写作，同时宣传他的新学说。他走遍了大半个欧洲和中东的许多地方，漫游了德国、瑞士、法国、意大利、荷兰、比利时、瑞典、丹麦、挪威、俄罗斯以及其他威尼斯影响下的国家。据说，他还到过亚洲和非洲。帕拉塞尔苏斯所到之处都成了引人注目的中心，拥护他和反对他的人们的激烈论战，促进了他的学说的广泛传播。

1538 年，45 岁的帕拉塞尔苏斯历尽沧桑，回到了费拉赫，结束了近 30 年颠沛流离的生活。在这里，他完成了最后一部著作——“加里森三部曲”。这三部曲分别是论述当地地域性疾病的《慢性病》、论述结石病的《医生的迷误》，以及反击他的对手的《七个辩护》。然而，此时的帕拉塞尔苏斯已失去了当年英俊的形象，身体呈现出一种病态的肥胖，面色憔悴不堪，并且经常伴有歇斯底里的情绪发作。由于长期的流浪生活以及无数次失败的打击和心灵痛苦的折磨，他的身体状况越来越糟糕。他终因贫病交困，于 1541 年 9 月 24 日在萨尔斯堡孤独地死去（他终身未娶），年仅 48 岁。颇具象征意义的是帕拉塞尔苏斯死后被安葬在当地圣・塞巴斯蒂安的一个济贫院里，他的墓地后来成了千百万病人络绎不绝的朝圣之地。

离经叛道

帕拉塞尔苏斯是一位典型的反传统型的人物。在科学革命时期众多的伟大领袖中，他在精神上是最革命的，也是最具破坏性和叛逆性的。这从他的名字上就可略见一斑。本来，他的名字叫塞弗里纳斯·朋巴斯特·冯·霍亨海姆，为了表现他的反权威性格，便改名为帕拉塞尔苏斯，意思是超越古罗马著名医学家塞尔苏斯或比塞尔苏斯更伟大。

当时由于传统的学者们热衷于追求原著的纯洁，学术界的诠释之风日盛，形式主义流行。大学里的研究对古人亦步亦趋，缺乏创造性，保守的经院主义严重地束缚了人们的思想。帕拉塞尔苏斯对这种无益于新知识增长的复古主义进行了严厉的抨击。他把矛头直接指向当时在大学里占统治地位的亚里士多德主义。在他看来，亚里士多德是一位异教徒，他的哲学和自然观体系有悖于基督教教义，他的著作充斥着异端概念，存在着许多错误：他的逻辑方法只能导致概念之间的转换，而不能产生新的知识。亚里士多德的观点直接影响了盖伦，成了盖伦医学的理论根基。帕拉塞尔苏斯对此十分反感，他在巴塞尔大学的讲坛上率先打破了传统。为了更好地让一些被大学权威鄙视的普通人学习，他将巴塞尔的药剂师、理发匠和外科医生这些位低职卑的人请进了他的课堂。而且，他宣称他的演讲是基于他自己的观察与实验，而与那些受人尊敬的古代权威无关。当时，拉丁语是公认的学术性语言，而帕拉塞尔苏斯却用被权威们诬为只有马夫和厨娘才使用的日耳曼方言来进行演讲与写作。实际上，他是第一个在大学里这么做的人。而且，为了表示他对传统逻辑学的反对，他的著作看起来行文杂乱无章，言辞含糊诡秘。更令大学里的学者们不能容忍的是，帕拉塞尔苏斯总是用焚烧古代医学权威的著作作为他的开讲仪式。这正像路德烧掉罗马教皇的训谕一样。

帕拉塞尔苏斯十分敬仰路德，他的学说也与路德的新的教义极为吻合。实际上，就时间和地点而言，医学中反传统的新的化学治疗方法与路德在1517年发动的宗教改革运动并驾齐驱。其重要中心就是巴塞尔。也正是在这里，帕拉塞尔苏斯在1527年圣约翰节明斯特城外的一次传统的学生集会上，公然将亚里士多德的追随者、阿拉伯著名的医学权威阿维森纳的一本医学教科书扔进了熊熊燃烧的篝火中。正因如此，帕拉塞尔苏斯在巴塞尔他的同事中成了众矢之的。他的医学论文亦被批得一无是处，他被人诅咒为“疯牛”“埃因西德恩的野驴”。

帕拉塞尔苏斯对古代圣贤和当代权威的猛烈抨击，一方面是为了提倡对经典的训注，认为只有通过神恩感化才有可能获得知识，另一方面是为了寻求一种基于观察和实验之上的全新的自然哲学。他认为，真正的医生应该在两部神圣的著作里寻求真理，一本是神的启示的著作——《圣经》，另一本是神创造的著作——自然。真正的医生就是自然法术师，必须通过对自然的研究来了解上帝。因此对观察与实验方法的推崇，就成了帕拉塞尔苏斯反权威的有力武器。他反复强调说，医生们应该掌握的所有东西都不是在学校里学到手的，而是在大自然中领悟的。

帕拉塞尔苏斯的反传统性格还表现在他的生活方式上。他性格粗暴，狂放不羁，嗜酒如命。他常常邀一帮穷朋友在小酒馆里狂饮作乐，直到酩酊大醉。他十分同情穷人，给他们看病从不收取分毫，而对富人却收费极高。他上街从不穿那象征着医生尊严的黑色长袍，而总穿只有劳工苦力才穿的短褂招摇过市。他总是不修边幅，加上衣服肮脏，看起来像个叫花子。这种生活方式与大学权威们的严谨和庄重格格不入。

帕拉塞尔苏斯的一系列反传统的言行，一方面使他赢得了“医学中的路德”的称号，另一方面也使他招致了大学权威们的谩骂和攻击。并且，最终将他逐出了大学的讲坛，不准传授他的“异端邪说”。然而，他的学说却受到一些激进的大学生的特别喜爱。16 世纪后期，在巴黎和海德尔贝格发生了抗议禁止帕拉塞尔苏斯学说的学生运动。

帕拉塞尔苏斯不仅兴趣极广，而且才华横溢。他生前出版的著作就有 23 部。其中 1536 年出版的《外科大全》使他的名字享誉全欧。他的大部分著作是在他去世以后才出版的。从 1541 年到 1564 年这 23 年中，他就有 42 部著作相继问世。而在 1565 年至 1575 年这 10 年间出版的总篇目就达到了 103 种。由胡塞尔于 1616 年编辑的帕拉塞尔苏斯选集就长达 2600 多页。近代编纂的他的各类著作就有 14 卷之巨，而且还有各种手稿在陆续出版。这些著作的内容十分广泛，涉及医学、宗教、哲学、伦理学、天文学、炼金术、冶金学、采矿学及占星术等。

到了 16 世纪末期和 17 世纪早期，帕拉塞尔苏斯的学说已经有了很大的影响，并且逐渐与盖伦的学说相匹敌。

建立新哲学

帕拉塞尔苏斯对大学里占统治地位的亚里士多德的僵化哲学深

恶痛绝。他一方面对这种旧哲学进行猛烈抨击；另一方面试图通过依赖于《圣经》的自然法术和神秘哲学对自然做出另一种解释，并在这种基础上努力建立一种全新的哲学——化学的哲学。这种新哲学与亚里士多德的旧哲学背道而驰，它从某种意义上可被理解为一种自然法术。与传统的巫术不同，它是通过某种神秘的经验或者直接的实验对自然进行的调查，是一种必要的知识分支，是人向他周围宇宙进行学习的适当方式。这种新哲学“既符合上帝的法则，又没有违反人的法律”，它寻求对人、自然和造物主进行一种全新的理解，认为只有通过对神的皈依才能获得知识，而且只有通过这种方式获得的知识才能达到真理。因此，研究自然与研究上帝具有相同的意义。

帕拉塞尔苏斯的化学的哲学具有广泛的含义。下面，我们主要从大、小宇宙相统一的自然观和化学宇宙论这两个方面阐述这一新哲学的基本思想。

1. 统一的自然观

16 世纪，随着新柏拉图主义和赫尔墨斯主义的复兴，后期希腊哲学中的法术和神秘主义对文艺复兴时期的自然观产生了深刻的影响。在这里，最具影响的是意大利人文主义者斐奇诺和以他为首的佛罗伦萨的柏拉图学园的学者们的翻译和研究工作。他们把新柏拉图主义的、诺斯替教派的、犹太神秘主义的和赫尔墨斯主义的元素与传统的亚里士多德的形式与质料的观点结合起来，详尽地阐明了两个世界的学说。这种学说蕴含了对上帝、自然与人的统一性的信仰。帕拉塞尔苏斯继承并发展了这种传统，将这种自然理论作为医学和化学的理论基础，并用来解释一切自然现象。

在帕拉塞尔苏斯看来，人这个小宇宙是其周围大宇宙的一件精美缩制品。因此，作为大宇宙的自然与作为小宇宙的人极其相似，甚至具有对应关系。在人的身上体现了自然的所有部分，在自然中则体现了人的各个方面。对人的研究有助于了解自然，对自然的研究亦有助于了解人。大宇宙与小宇宙的共通性与非共通性是宇宙间相互作用的原因。寻求大宇宙与小宇宙之间的和谐一致也就是寻求对造物主的理解。

帕拉塞尔苏斯曾告诫自然哲学家们，必须从天空、地球及其所包含的事物中学习一切。他认为，人本身就是一个天空，亦伴随着行星与恒星的运动。因此，对日月星辰的研究有助于增加“体内天空”的知识，而一个缺乏天文学知识的人则不可能拥有医学知识。他还进一步解释说，地球只是为提供果实满足人类匮乏之目的而存在的。按同样的逻辑，身体亦仅仅是因同样的理由而存在。因此，从体内生长出来的所有“食物”只是供体内的器官享用，这正如地球上果实的生长一样。了解天空与地球也就是了解人自身；同时，了解人的“体内天空”，也就是研究天文学。

大宇宙、小宇宙相类比的观念在整个文艺复兴时期曾广泛流行，尤其是在知识界和思想界产生了极大影响。这一时期的许多学者都普遍接受了这一观点，并将其作为理解世界的基本信念。帕拉塞尔苏斯为这种世界观增添了一种新的成分。

帕拉塞尔苏斯是通过精气放射将大宇宙与小宇宙这两个世界紧密联系在一起的。因为他坚信，天空上的星体通过一种神秘的精气影响到这个地球上的人类，造物主给地球上的一切事物都打下了印记，而人类为了自己的利益可以发现它们。人类是存在长链上的特别环节。人参与了神恩感化，因此，他不仅仅是被动地接受星体的影响。而且，由于宇宙的所有部分之间存在着一种普遍的共感，因而当人受到超自然的影响时，又反过来影响它。在帕拉塞尔苏斯那里，所谓“精气”实际上是一种生命力，它与空气中的硝石有关，因而大、小宇宙间的互感作用便具有了化学的新含义。而这种理论对于当时的医学则具有直接的价值，它是以化学为依据的全新的形似疗效学说——一种“以形治形”的医疗方法的理论基础。

的确，对于帕拉塞尔苏斯来说，宇宙是一个活生生的机体，到处充满着神秘的力量。人自身是生命之链的一部分，它的任务是，不仅仅要阅读古人的著作，而且还要寻找上帝种植于地球之上隐藏着的“礼物”。“一个医生不能仅仅停留于学校里所教授的纯粹的知识，而应该向老妇、埃及人以及诸如此类的人学习。因为他们在这些事情上，比任何学问家们都有经验。”但这种知识并不是每个人都能具备的，唯有通过神的皈依或者直接通过某种神秘的经验或者通过对自然所做的观察才可获得。因此，科学以及观察自然是神授的形式，是一种与神的真实联系。从某种意义上看，研究自然就是为上帝服务。

可见，帕拉塞尔苏斯统一的自然理论是建立在人、自然和造物主和谐一致的基础之上的。正如著名的科学史学家帕格尔指出的，“帕拉塞尔苏斯哲学最重要的特色就是在他的大宇宙、小宇宙间的相似性与对应性之光笼罩之下的宇宙论、神学、自然哲学和医学的重要观点”，“他是第一个对这种系统化的自然知识进行思索的人”。

2. 化学宇宙论

帕拉塞尔苏斯认为，创世是一个化学过程，造物不过是一个“化学的提炼、分离、纯化和结合”的过程。自然是用化学术语进行描述的，因此，化学是理解自然的真正钥匙。

帕拉塞尔苏斯在其《雅典的哲学》中，就是用炼金术术语来讨论造物主的。在这里，一切东西都被认为是来自原初的物质，而所有其他的“神秘的东西”则出自那些生成中的物质。与此同时，上帝被看成是把一种东西与另一种东西分离开来的化学家。

在帕拉塞尔苏斯看来，所有的“生成”都是“分离”。他比喻说，倘若将醋与热牛奶混合，将会以多种方式开始一种复杂物质的分离。它存在于一种神秘的技艺之中。这种神秘的技艺通过“渗透”使每一种简单的东西还原到它自己的特殊本质。它“将一切东西分解分离，以使一种物质回到它的原初形式”。

帕拉塞尔苏斯把创世本身描绘成一个循环过程。首先是元素的形成，然后是天空从火中分离出来。进一步的分离则产生了精神与梦（从空气中），水生植物、盐和海洋动物（从水中），木头、石头、陆生植物与动物（从地球中）。其他的物质则从那些已经创造出的物质中分离出来，这个过程一直持续到再一次得到原初的物质。因此，创世概念的形成实际上就是一种分离的化学过程。

帕拉塞尔苏斯认为，生命的源泉是一种所谓的“天空精神”，这种精神存在于太阳之中。“世界的灵魂在太阳中，而太阳是一切的中心”是文艺复兴时期化学哲学家们的普遍信念，也是当时许多人文主义者的普遍信念。的确，没有太阳光生命将不会存在。但是，太阳光以一种什么样的方式作用于地球呢？帕拉塞尔苏斯是以化学的类比来进行解释的。他认为，自然中有无数的类似于蒸馏的化学循环，这些循环使得物质不停地运动，并且在这一过程中物质得到精制和提纯，最终达到完善。

帕拉塞尔苏斯以化学类比的方式描述了雨水形成的过程。他认为，地球内存在一个所谓的“中心太阳”，这个太阳与天上的太阳相对应。“中心太阳”将地球内部的水分蒸发到地表，然后天上的太阳再把地表的水蒸发到高空。他把较低的空气层比作升华锅的锅颈。蒸汽沿着锅颈上升，并被带到顶端，遇冷而凝结变成水，由于其自身的重量而下落。在这种自然的操作过程中，地球就是接受的容器。因此，离地球较近的云层要比其上部离地球较远的云层更稠更不纯。大自然通过不断地蒸馏，将这种不纯的云层蒸发到高空，形成纯净的雨水。

因此，当雨水形成的时候便从空气中接受了生命之力，并与地球上的盐和硝石相结合，滋生万物。这样，两个太阳的光线便通过蒸馏而紧密地结合起来。

在帕拉塞尔苏斯看来，土地是一个巨大的化学实验场所。地球内部的蒸馏可以用来解释火山的爆发、山泉的起源和金属的生长。当蒸馏进行时，地表水沿着植物枝干上升，到达枝头时达到纯净、完善，于是鲜花盛开、谷物生长。而火山的形成则是由于地内的中心火（中心太阳）使得熔化的物质迸溢出地表裂缝所致。山泉的形成也是由于地内火的蒸馏作用。地下水被山体内的“中心太阳”的热量蒸发，蒸汽到达地表沿着山体上升，当冷却时，便形成清澈完美的山泉。帕拉塞尔苏斯曾这样描述过矿泉水的形成：在地球内部的某些地方，自然通过熊熊燃烧的中心火在那里蒸馏、分离硫黄矿，当地内水流经这些燃烧的地方时，根据离其远近不同而吸收了或多或少的热，然后冲出地表。这样就形成了含有硫黄的矿泉水。毫无疑问，在帕拉塞尔苏斯眼里，地球就是这样一个由上帝制作的永不衰竭的巨大的蒸馏器。实际上，在文艺复兴时期的许多著作里，上帝被描述成是一个手拿蒸馏器的化学家。

帕拉塞尔苏斯对造物主的重视必然使其将注意力集中到造物过程所需的第一批果实即元素上。由于当时亚里士多德的元素构成了广为人们所接受的宇宙体系的基础，所以，引进一种新的元素体系便是冒险地向古代医学和自然哲学的整个构架提出挑战。为此，帕拉塞尔苏斯引入了另一种元素体系——三要素论：盐、硫和汞。

三要素论具有广泛的意义，可以用来描述一切东西。它既能解释与肉体、灵魂和精气三位一体相类比的概念，又能用来研究体液的变化。然而，由于帕拉塞尔苏斯没有明确地定义出这些元素，因而引起了明显的混乱。种种混淆不清的讨论，导致了各种有关元素争论的文献大量出版，在帕拉塞尔苏斯死后的一个多世纪，这场争论达到了高潮。

的确，化学宇宙的概念已经远远超出了对造物的化学解释和有关元素理论问题的范围，涉及其他各种领域。在帕拉塞尔苏斯看来，整个宇宙就是一个巨大的化学实验室，里面的万事万物都永不停息地发生着化学变化，而这些变化渗透着上界与下界的共同作用，渗透着一种神秘的上帝精神和永不衰竭的自然力。

医学改革

帕拉塞尔苏斯的医学理论是建立在大、小宇宙相类比的基础之上，并以化学的方式进行阐述的。

在文艺复兴那个动荡不安的时代，欧洲各地肆虐着前所未有的灾难和疾病。对禁欲的强烈反对和对新道德的普遍提倡，更使性病泛滥。欧洲人在惊恐不安中寄希望于医圣希波克拉底和盖伦的传统医学。然而，在面对这些以前闻所未闻的疾病时，传统医学显得束手无策，毫无办法，欧洲人深深地失望了。一些有远见卓识的具有批判精神的药学家和医生们只好将目光从传统的治疗方法转移到寻求新的、更加有效的药物上。正是在这种背景下，帕拉塞尔苏斯及其信徒们率先打破了传统，建立了独树一帜的医疗化学。

当时盘踞在大学讲坛上的是传统的盖伦医学理论——体液理论。按照这种理论，根据体内的特殊器官或者具体的病因来区分疾病则是不可能的。帕拉塞尔苏斯对这种古代传统极为反感。与此相反，他强调疾病是由外部因素所致，并且存在于特殊器官的局部位置中。这种局部位置取决于内在生机的状况，而不是体液的不平衡。一些帕拉塞尔苏斯的信徒则试图用一个改革了的三体液体系来取代传统的四体液体系。实际上，这种体系与帕拉塞尔苏斯的三要素学说紧密地联系在一起，认为不同类型的疾病起因于三种基本要素的不同的相互作用，因而具有化学的含义。

帕拉塞尔苏斯相信，由于人体的功能可以还原为各种化学反应，那么必定可以用化学方法制备的药物来治疗疾病。他注意到用蒸馏和提纯的方法从金属和矿物中制得的化合物来代替传统的盖伦的草药，可以对新的疾病进行有效的诊断。传统的盖伦医学主张一种“矛盾疗法”或称“互补疗法”，如果人体中产生了一种由于“热”的性质而引起的疾病，那么就必须用同一种含有“冷”的性质的药物来治疗它，以使体液恢复平衡。而帕拉塞尔苏斯则主张德国民间传统的一种相反理论——“以毒攻毒”疗法，认为导致疾病产生的毒素也可以用于治疗疾病。这种新的治疗方法成了帕拉塞尔苏斯医学的一大特色。

“对于医生来说，有什么东西比毒素更适于攻毒呢？有什么东西能比腹蛇提供更好的消毒剂呢？在最强烈的毒品中有着最好最能治病的药剂。”帕拉塞尔苏斯的这种观念根深蒂固，他在医疗过程中广泛使用有毒的矿物来治疗疾病。他曾详细描述过从砷和硝酸钾的反应中制取砷酸钾的过程，并且提倡使用汞的化合物。尽管他治好了许多疑难病症，但同时也治死过不少病人。正因为如此，这种新的化学治疗方法在医学界引起了轩然大波。

帕拉塞尔苏斯是一个杰出的诊断家，懂得对病人要对症下药，由医生直接施治。他用化学方法制备的药物治疗了当时最严重的一些疑难疾病，如梅毒、痛风、癫痫和麻风病。他第一次打破了把内科医生和外科医生分裂开来的传统，他说“没有一个外科医生不应该同时又是一个内科医生”，“如果一个内科医生同时不是一个外科医生，他就只是一个偶像，或者什么也不是，只是一个涂抹装扮出来的怪物”。

帕拉塞尔苏斯是历史上第一个对疾病进行了分类的人。正如帕格尔所指出的，“他（指帕拉塞尔苏斯）的确是指出存在着可以分类的各种疾病并且每一种疾病就是一种特殊的实在、一个实体的第一个人”。正因如此，帕拉塞尔苏斯才始终孜孜不倦地寻求用特殊药剂来治疗特种疾病。在他看来，疾病不过是人体内部的化学作用而已，自然中亦有类似的相互作用，这些作用便产生了能够治疗这些疾病的医用植物和矿物。而医生的职责则是模仿这些相互作用，从与此有关的自然植物或矿物中提取出对这些疾病具有抵抗作用的新产品。

由于疾病本身被认为是能够被特殊的变化和原因区别开来的实体，并且是能够用化学术语来定义的局部过程，因而人体生理学便具有了崭新的特殊意义。在新柏拉图主义的思想中，人在宇宙中居于一个特殊的位置。因为大世界是以化学的原则起作用的，因而人这个小世界必定亦如此。在地球中，金属矿脉的生长是由于金属的“种子”所致。同样地，疾病的产生是由于疾病的“种子”所致。这些外在的疾病的“种子”是通过空气或食物进入人体的，它们先扎下根来，然后在与某一特殊器官中的生命力或生机进行较量时成长起来。人体中的生理学是由生机所主宰，在通常健康的状况下，这些生机起着炼金术士的作用。其中最重要的是腹中的生机，它能将纯的物质和不纯的物质分离开来，将食物中无用物质和营养物质分离开来，并将有价值的部分输送到人体所需的地方，同时抛弃毒素。这一过程与蒸馏提纯十分相似，但是，一旦这种生机被损害，就不再起这样的分离作用。于是疾病的“种子”就强大起来，毒素即聚集在人体内得不到排泄，疾病就产生了。

简言之，疾病不再被认为是体液的不平衡，它直接与自然有关，与自然中的化学过程有关，只有化学才是医学唯一合理的基础。

历史巨人

帕拉塞尔苏斯性格十分复杂，甚至彼此矛盾。他的哲学和医学是典型的异教学说，而他本人至死仍是一位虔诚的天主教徒。他的活力论思想与当时路德的宗教改革的观念极为相关。他把自己的医学体系看作一种宗教启示，它的使命是要恢复希波克拉底医学的纯洁性，正像宗教改革家们把他们的神学教义当作恢复原始基督教纯洁的启示一样。帕拉塞尔苏斯是一个极富自由思想的人。他认为人本身是一个小世界，在精神上是自由的和自主的，万物皆包罗其中。人的自由和解放存在于精神领域里。他写道："正像苍天及其一切星座自成一个整体一样，人本身就是一个自由和强大的苍天；苍天自己作主而不受任何生物统治，人和苍天一样不受其他生物的统治，他独立自主而不受一切的束缚，思想是自由的，并且不受任何法则的支配，人的自由就依靠自己的思想。"他有一句众所周知的座右铭："能自善者勿为他人所治。"正是依靠这种独立自由的思想和自我完善的精神，帕拉塞尔苏斯才从古代权威的桎梏中挣扎出来，并努力去构建一个具有全新观念的世界。

从帕拉塞尔苏斯的著作里，人们第一次明确地领悟到，科学的发现产生于一种人格，各种富有生气的发现都是由活生生的个人做出的；从他的著作中，时时流露出一种不可遏制的狂怒，这一方面反映了他对经院医学的深恶痛绝，另一方面也暴露了他内心深处的痛苦和个人的强烈不满。这是数不清的个人失望长期淤积的结果。他的著作的每一页都渗透着怀疑主义的精神和新教人性的光辉；他那包罗万象的甚至有时是自相矛盾的激烈雄辩的论述，是文艺复兴这个转折时代复杂历史的真实折射。

16 世纪后期和 17 世纪早期，形成了一股搜求帕拉塞尔苏斯手稿的热潮。在这几十年中，无论是在英国、法国、荷兰和比利时，还是在欧洲其他国家，各种有关帕拉塞尔苏斯新哲学的争论的文献不断出版，当时许多著名人物，如伊拉斯塔斯、开普勒、李巴尤斯、伽桑狄、查尔顿、波义耳以及其他学者都广泛阅读了这些著作。他的学说不但影响了他的同代人，而且也影响了后来一大批化学哲学家。其中最著名的有塞弗里纳斯、迪歇纳、弗拉德和赫尔蒙特。他们不仅是医生，而且是化学的自然哲学家，是新的教育改革的先驱者，是观察方法和实验方法最强烈的支持者。在那一时期，帕拉塞尔苏斯这个响亮的名字几乎是家喻户晓、妇孺皆知的。许多人认为，他比哥白尼更适合“革命者”这个光荣称号。“他是一股真正的旋风，他将一切连根拔起，撕成碎片，只给身后留下一片废墟，就像一座喷发的火山，他到处蹂躏、破坏，但同时又肥沃了土壤，带来了生命。”

的确，帕拉塞尔苏斯的化学哲学确实促进了对自然的新的研究和新的世界观的形成。对他来说，化学在两种意义上有益于人类。其一，化学是理解作为一个整体的大宇宙的基础。他认为，宇宙是以化学的方式创造的，并将继续以化学的方式起作用。通过化学的方式研究自然，不但可以理解这个被造物主创造的宇宙，而且也可以理解造物主自身。其二，帕拉塞尔苏斯将这种化学的钥匙转向了对人体的理解。他认为，对应着大宇宙的人体必须以化学的方式起作用。身体的功能就是化学的功能。疾病被看成是化学障碍，而用化学方式制备的药物就可以阻止并治疗它。

帕拉塞尔苏斯的化学哲学对于近代科学兴起的重要作用表现在两个方面：其一，它抨击了古代传统和古代权威；其二，它通过化学来寻求自然界的普遍真理。这两种作用使得人们对传统医学和旧的宇宙论观点有了根本的改变。然而，帕拉塞尔苏斯的许多观点在我们今天看来是非科学的甚至是反科学的。他的观点深深地打上了新柏拉图主义、毕达哥拉斯主义以及赫尔墨斯主义的神秘主义和经验主义的烙印。其结果是：一方面人通过自己的努力可以自主地探究自然之秘密，另一方面又必须借助神的力量从大、小宇宙相类比的这些预先的关系上开始他的研究。表面上看这似乎有些矛盾，然而，这种倾向却正好反映了当时人们深受神秘主义与科学这种“混合物”的强烈影响。实际上，在我们今天看来是矛盾的那些东西，对于文艺复兴时期的学者们来说却并不矛盾。

帕拉塞尔苏斯的科学实践、哲学信念以及对整个宇宙的全新理解，把人们的目光从繁杂的经院传统引向了自然，并且已经涉及了与新学科的建立有关的许多关键性问题。如古代哲学家的价值、新的观察和实验的作用，涉及推理、运动的研究以及数学方法的运用，甚至涉及教育改革、社会改革等一系列重大问题，在我们面前展示了一幅全新的科学革命的图景。

帕拉塞尔苏斯曾被他的同代人誉为“医学中的路德”。他是文艺复兴时代的历史巨人之一，也是其中最难理解的一位。尽管他所处的那个时代的理性环境和知识状况在某种程度上封闭了他的视野，然而他毕竟在旧时代的“酱缸”中艰难地发现了新科学的模糊背影，而且，这个背影在后来一大批帕拉塞尔苏斯信徒们的千呼万唤中变得日益清晰、强大。帕拉塞尔苏斯的确是一位天才和怪杰。也许 C. G. 荣格的赞誉一点也不过分。他称这位瑞士同乡是伟大的科学先驱者、新精神的杰出领袖。正因如此，帕拉塞尔苏斯才永远受到后世公正的纪念，他的名字将永垂不朽。

（作者：周雁翎）

内森·罗森伯格

“探索黑箱”的先驱者

内森·罗森伯格

（N. Rosenberg，1927—2015）

内森·罗森伯格，在其最重要的作品《探索黑箱——技术、经济学和历史》中讲到“经济学家长期以来将技术变革当作黑箱子里面发生的事件……经济学教授们自我约束地坚持着不要严格探求里面到底发生了什么的原则”，这个隐喻揭示了罗森伯格学术生涯的中心主题——去探索黑箱里的内容。罗森伯格主要研究活动是技术变革经济学，他的出版物聚焦于技术变革的决定因素和结果，他的研究跨越不同的产业，涉及技术变化的多样性以及科学研究与技术创新之间的互动。

一、生平述略

内森·罗森伯格，1927 年 11 月 22 日诞生于美国新泽西州的帕塞伊克市，是约瑟夫和玛利亚的第二个儿子。他在美国东海岸一个贫穷的俄罗斯移民环境中成长，物质条件和教育条件都很差，而后通过高等教育成就了杰出的事业。他在孩童时期，曾经为了帮助父母减轻经济负担做过报童。罗森伯格上大学之前一直居住在帕塞伊克市，距离纽约市曼哈顿区只有 16 千米，实际上是纽约市的近郊住宅区和工业城市。罗森伯格自小就对周遭的环境比较敏感，对经济发展和科技带来的变化有更加直观的感受和体会。虽然罗森伯格出生时，美国已经是一个经过快速工业化的国家，高楼林立、电车和汽车开始普及，工厂和企业向以纽约为中心的位置开始聚集，城市规模迅速地扩张。日益增大的贫富差距和经济大萧条带来的社会问题越来越多，罗斯福政府实行一系列的干预经济的措施，使得美国的经济得以稳定发展。罗森伯格的成长轨迹见证了资本主义的经济周期，种下了其对经济发展历史和规律探究的萌芽。而后第二次世界大战爆发，战争不仅刺激了国内经济的发展，而且客观上推动了科学技术的发展。二战的最后一年，恰巧罗森伯格完成高中课程的学习，之后他选择前往韩国服兵役并担任中士，在韩国度过了两年的军旅时光。在此期间，罗森伯格对亚洲人的生产、生活方式有了比较直接的观察，对亚洲的经济发展也有所了解。但是由于当时亚洲的整体经济水平和工业化程度远落后于欧洲和美国，所以后来罗森伯格在研究经济史时主要集中在欧美国家，而日本在战后的经济崛起使其成为他唯一关注的亚洲国家。

从韩国服完役回国之后，罗森伯格便开始了他的求学之路。1947 年，20 岁的罗森伯格被家乡的州立大学罗格斯大学录取，按照自己的兴趣，罗森伯格学习了有关经济的知识，并于 1950 年获得学士学位。由于在本科阶段表现优秀，随后进入威斯康星大学学习，并于 1952 年获得文科硕士学位，留在威斯康星大学里继续经济学知识的学习和研究。在 1952—1954 年，他被遴选为富布赖特学者前往英国的牛津大学学习，在牛津大学学习期间，结识了一些志同道合的学者，为后来的合作研究和出版著作打下了基础。从英国回到威斯康星大学后，于 1955 年完成学业获得经济学博士学位。

二、走近黑箱

20 世纪中叶，经济学家们已经建立了技术变革对经济增长推动的宏观框架，这些经济学家包括施穆克勒、阿布拉莫维茨和索洛等。他们认为技术是在一个经济黑箱内，不知从哪里来，如何而来，只是影响着经济而不被经济影响。罗森伯格受到熊彼特作品的启发，开始从微观层面研究技术经济学，他以具体的国家中的某些行业为研究对象，去探索技术进步和经济增长之间的关系。

1955 年，罗森伯格在获得博士学位之后，被位于布鲁明顿市的印第安纳大学录用为讲师，该大学是美国早期的综合型研究学术系统之一，其中文理学院的经济系是全美知名的科系，具有众多的学术研究领域，包括计量经济学、宏观经济学、货币经济学等。罗森伯格在此的两年与其说是工作，不如说是继续学习，吸收了更多的经济学知识和方法。1957 年，他转去费城的宾夕法尼亚大学做助理教授，开始将自己所学的知识应用到感兴趣的领域。罗森伯格最先研究的是英国 1945—1949 年的建筑行业发展，并著有《1945—1949 年的英国建筑业的经济规划》。在研究过程中，罗森伯格日益发觉现有的经济史研究方法的单一性，并将自己的一部分精力分散到探索新研究方法上。罗森伯格于 1961 年转到普渡大学，在普渡大学任职的 8 年里，为计量史学的发展贡献一份力量。他是 20 世纪 60 年代末普渡大学的第一计量史学小组成员，其他成员包括戴维斯、休斯及赖特（被广泛公认为创造“计量”一词的人），他们一起被公认为是计量历史学的创始人，为其他学科的研究和发展提供了一种新的工具。计量史学是对于已有的资料进行数量处理，继而制定出多种数据模型，然后开展对历史现象和过程的模拟研究。但到 1970 年之后，这些人被分散到西北大学和加州理工学院等机构，而后罗森伯格也被自己的母校威斯康星大学录用。在普渡大学期间的 1964 年，罗森伯格贡献突出，晋升为教授。

在回到母校前，罗森伯格于 1967—1969 年在哈佛大学做了两年的客座教授。在此期间，他的研究对象从英国的建筑业转移到美国的制造业，与尤瑟定合作发表了《美国制造业体系》，主要通过研究两个报告来还原美国当时的制造业体系，分别是 1885 年的美国机械委员会的报告和 1884 年瓦里斯和威特沃斯的报告。而后，罗森伯格以教授身份回到自己的母校威斯康星大学，加入由许多具有影响力的经济史学家构成的团体，有威廉森、林德特、罗思坦、卡梅伦和戈尔丁，他们一起共同推动经济史研究的发展。罗森伯格成为《经济史杂志》的编辑，并日益关注“新经济史学”。新经济史学相较于以前的经济史学，在理论方面更加注重经济学规范，在研究方法方面开始使用计量统计的方法，这是经济史研究的重大改革。罗森伯格前期在普渡大学时对计量方法的经验积累，在这时期应用于对于美国经济史的研究，不再是对于历史现象进行量化分析，而是对于推进社会历史演进进行体系构建。罗森伯格试图在新经济史学的框架之下，对社会发展与停滞、繁荣与衰退做出全新和系统的阐释，为此著有《技术与美国经济增长》。

三、探索黑箱

1974 年，罗森伯格进入斯坦福大学，真正投入到对于技术变革历史的研究，开始探索黑箱中发生的秘密，并且在研究技术变革中不只是关注微观层面，也开始思考宏观层面的影响。他总结自己过去 10 年在任教过程中撰写的有关技术的观点，特别是对于工业化社会中的经济长周期与技术创新之间的关系进行了探讨，整理出版了《有关技术的观点》。他认为：一方面，越来越多的人意识到技术变革在刺激经济增长中的中心作用；另一方面，新古典经济学虽然能够洞察到这种变化，但是想要真正深入理解它们的关系还需要走出原有的知识边界。而后，罗森伯格与维塞特以研究伦敦塔桥的建造过程为例，试图了解具体技术知识是如何进行扩散的。当时斯蒂芬森应英国海军的要求，需要建造一座高等级的桥梁，他在排除拱形桥和悬吊桥等可能性之后，被迫创新使用管状设计和熟铁相结合。薄壁管状结构的张力虽得到承认，但是熟铁的性能还鲜为人知，所以他必须了解更多的知识。在费尔贝恩和霍奇金森的协助下，他们进行了一系列详尽和划时代的实验。实验的结果产生的新知识不仅仅对于建造伦敦塔桥有意义，更是为铁的系统使用提供了科学依据，对于桥梁、船舶、建筑物、起重机、机械和工程机构都有帮助。罗森伯格梳理 20 世纪有关技术进步的历史文献，探究科技创新如何影响科学、工业和经济，以及科技创新如何被科学、工业和经济影响，他发现技术变革和具体的技术会影响生产力、学习过程、技术转移和技术政策。他在研究技术时所使用和推崇的是马克思的观点——将技术看作社会进步的结果，更加强调技术和经济的互动作用。通过跨行业研究（包含高新技术产业、商用航空业等），发现美国经济中的技术互相依存关系，以及政府与科技创新的互动。罗森伯格进一步分析认为：科学进步深受技术因素的影响，而技术因素反过来又受到工业和经济的影响。因此，私人部门和公共部门的决策既影响供需关系，同时又有利于科学技术之间的创造性和互利性。

克莱因在1985年率先提出“链环－回路模型”，又与罗森伯格共同进一步完善该模型，这一模型也叫作“技术创新过程集成模型”。在该模型中，新的知识并不一定是创新的驱动力。相反，这一过程始于确定一个未满足的市场需求。这推动了研究、设计、再设计、生产和营销，以及所有阶段中复杂的反馈过程。它明显区别于之前的创新线性模型，即基础研究导致应用开发，然后是工程和制造，最后是营销和分销。链环－回路模型从现实角度涵盖更多与创新相关的因素，从科学技术、市场需求、组织制度和结构等多种因素的相互作用关系来认识技术创新过程。它包含五条创新路径，并且提出科学知识是各个节点都需要的东西，不仅仅是创新各阶段的基础和初始点。五条路径分别是：其一，创新的中心链，即创新线性模型中的技术推动型，基础研究—应用设计—试验开发—过程制造—市场销售；其二，反馈回路，即市场需求与设计环节的互动，类似于创新线性模型的需求引发型；其三，科学研究、科学知识和生产设计的互相作用，即这三者之间的多种回路和反馈过程；其四，各个环节的科学创新，即在创新主链接上各个环节都可能产生科学创新；其五，创新能推动科学进步。总之，创新不是简单的线性关系，而是涉及诸多因素的战略集合过程。

两次工业革命都发生在西方社会，技术进步带来翻天覆地的变化，罗森伯格对变化的背后原因非常感兴趣，与小伯泽尔合作研究从欧洲中世纪到19世纪的美国的大量历史事实，最终认为是一种不断创新的体系使得西方社会逐渐富有起来。这种体系允许广泛进行技术和组织管理方面的试验，以利用各种资源来满足人们的需求。这个体系包含关键的四个因素：具备试验所必需的各种资源；决策权的高度分散；不存在政治和宗教对试验的限制；赏罚结合的激励机制，对成功的试验给予丰厚的经济回报，对失败的试验则予以严厉惩罚。并进一步探讨了非经济因素、组织管理等对经济活动的作用。如果经济力量通过先天具备的不同生产要素推动经济朝着不同方向发展而取得科技进步，而在某些发展方向上碰到的困难比其他发展道路上的障碍更难的话，那么科技发展的速度也许就不是独立于经济发展方向的了。故而，罗森伯格认为美国19世纪的高速发展在某种程度上得益于其先天具备的资源和需求情况。罗森伯格还从信息获取的角度研究技术变革，他认为科学知识作为一种信息，对于产品设计的贡献有限，一方面是因为科学本身的局限性，另一方面是因为产品设计和科学原理关系不是很紧密。技术变化具有高度的不确定性，是因为科学知识作为信息在哪些方面得到应用充满了未知；但信息获取过程的特殊性又决定了技术变化的路径依赖，一旦开始某些研究工作，那么技术的发展路径将不可逆。

随后，罗森伯格聚焦于创新路径研究，他和莫维里以内燃机、化工和电力三大主导技术为研究案例，分别阐释了不同的产业中技术创新是受到哪些因素的影响。在内燃机的案例中，它的产生和繁荣发展离不开美国低成本的国内石油、地理分散、较多的高收入中产阶级和个人主义的风行，这些导致人们对汽车和飞机的需求。这是罗森伯格解释很多经济技术现象的一个重要视角，即是供需关系导致技术变革的发生。而在化学工业的技术发展史中，罗森伯格和戴维德更加强调研发结构、自然资源的可获得性、资金来源和外部影响之间的相互作用。在这种情境下，经济成果不是最终消费品，而像是其他工业和产品所形成的中间产品。电力产业也类似于化学工业，电力成为一个重要的经济因素而非最终产品本身。降低电力成本的发展历程中出现许多副产品，如真空吸尘器、洗碗机和洗衣机，这些副产品的技术其实早已经具备，但是却未被发展，或者是众所周知的材料，如铝却在经济上不可行。值得注意的是，电的发展史说明某些技术路径如何导致负面的经济影响。

罗森伯格对认识科技变革的思想贡献部分要归功于站在巨人的肩膀上，从前人思想中汲取灵感，其中包含了亚当·斯密、马克思和熊彼特等。他称熊彼特为激进的经济学家，因为他主张拒绝新古典经济理论中最重要和最宝贵的原则。熊彼特认为把资本主义作为一个经济系统来研究，最基本的问题是它如何引发变化而不是如何恢复到稳定状态，最基本的特征是经济变化。资本主义行为完全被自身内在逻辑主导，其实质是创新过程产生的经济变革。罗森伯格以熊彼特提出的技术内生性为逻辑起点，探索技术创新在某些社会制度中更容易产生的原因。美国之所以产生更多的创新，在他看来是因为美国的大学是内生性机构，高等教育在美国的研发比例比欧盟高。

四、荣誉和贡献

罗森伯格的学术生涯中，获得许多荣誉和奖项，如美国艺术和科学学院奖、美国科学促进会奖和瑞典工程科学院奖，他还获得了来自隆德大学和博洛尼亚大学的荣誉学位。1989 年，罗森伯格被聘任为剑桥大学的美国制度研究的庇特荣誉讲座教授，该讲座教授实行年度轮流制度，这是剑桥大学对外国学者所给予的最高荣衔之一。罗森伯格对理解技术变革的贡献与其他经济学家在各自领域做出的成绩，一起被道格拉斯在 1993 年诺贝尔奖演讲中誉为“跨越时间维度的经济绩效”。1996 年，技术史学会将该学会最高奖项“列奥纳多·达·芬奇奖章”授予他时，用“几乎以一己之力改变了经济学家们和经济历史学家们对于技术和技术变革本质的看法”的措辞来描述他的贡献。

罗森伯格对于斯坦福大学的经济学系发展有着历史性的推动作用，无论是在科学研究上还是在教学方面。罗森伯格自 1974 年进入斯坦福大学，将超过四分之一世纪的时间都倾注在斯坦福大学。他在 20 世纪 70 年代主持了“价值、技术和社会”的课题项目；1983—1986 年间担任经济学系主任；1987—2002 年间领导斯坦福经济政策研究院的“技术和经济增长”的课题项目。在 20 年左右的时间里，他带领经济系的学者和教授们，一起努力使斯坦福大学经济学系逐渐成为美国众多大学中最好的经济学系之一。罗森伯格非常重视研究生课程，根据自身的研究经验发现，掌握历史学的研究方法对于学习经济学非常重要，并促成将“经济史学”作为硕士研究生和博士研究生的必修课。他对经济学系的课程设置尽心尽力，并亲自参与到课程安排和讲授内容设计中。他激励、教导和辅导许多研究生和学者，为继续“探索黑箱”培养了后续人才，其中包括经济学家怀特和格雷夫等。他还以他的作品、知识、智慧和热情激励了世界各地的许多人，并经常被邀请参加各种活动、会议和讨论，他影响的人包括教皇、政治领袖、企业家和研究人员等。

罗森伯格具有企业家精神，热衷于教育事业，他促成斯坦福大学经济学系拥有了自己的学院大楼。在一次偶然的会面上，他遇到了著名的化学工程师兰道，他同时也是一位富有的商人，主要活跃在化工和石油化工产业。在交谈中，罗森伯格激发了他对经济学研究和教学的支持，并得到他愿意出资为斯坦福大学经济学系建设一栋教学楼的允诺，现如今斯坦福大学经济学系在使用的兰道大楼就是在罗森伯格的努力下建成的。同时，他与兰道达成长期合作的意向，共同研究经济理论、经济史和技术在化学工业中的应用，并担任编辑出版了三本著作，分别是有关技术治理的《正和战略：经济增长的技术治理》，有关技术与经济的《技术与国家财富》，以及有关化工产业和经济长周期的《化工与长期经济增长：化工产业的启示》。

在校任职的同时，他还担任联合国新技术研究所顾问委员会主席、加拿大高级研究院院士，是美国艺术与科学学院和瑞典皇家工程科学学院院士。2002 年从斯坦福大学退休后并未停止有关经济与科技的研究，参与主编了《经济学创新手册》。去世前，罗森伯格遭受了记忆衰退的困扰，但好在他的妻子瑞纳和子孙们都陪在他的周围。去世时，他还是国家经济研究局董事会成员和斯坦福大学名誉教授。

五、结束语

正如澳大利亚经济学教授乔希所说的："如果罗森伯格以一件事闻名，那就是真正把经济学引入到技术变革史的研究中去。可以肯定的是，马克思并非没有意识到资本主义如何促进技术的，熊彼特也确实看到了竞争和技术变革紧密的联系。但他们却没有重视技术变革的内生性，这恰恰是罗森伯格所关注的。技术内生性不是指创新带来了新的应用程序，而是科学本身的核心。"虽然罗森伯格已经离我们而去，但是他的精神会一直激励我们继续探索黑箱的秘密。

（作者：杜宝贵　张慧芳）

H. 西蒙

为自然科学和社会科学结合而奋斗的杰出学者

赫伯特·亚历山大·西蒙

（Herbert Alexander Simon，1916—2001）

美国著名学者、诺贝尔经济学奖获得者赫伯特·亚历山大·西蒙对中国和中国人民有深厚的友好感情。20世纪七八十年代可以在中国看到他的身影。他出席过人工智能学会的年会；在天津主持过管理科学方面的讲习班；在北京大学讲授过心理学课程，并在心理研究所进行过学术交流。在这些似乎相距很远的学科里，他都是知识渊博的专家，而且有自己独到的见解。不少人称赞他是横跨社会科学和自然科学两大领域且把二者结合起来的多面手。他的经历给我们很多有益的启示。

童年

1916年6月15日，美国威斯康星的密耳瓦基市的一座普通木屋里诞生了一个小男孩。小孩的父亲亚瑟·西蒙是个电气工程师，十几年前才从法国渡海来到美国。母亲是德国移民的第三代后裔。取名赫伯特的男孩是他们的第二个儿子，大儿子克拉伦斯已经5岁了。因此小赫伯特受到了宠爱，他的错误往往得到宽恕。5岁是个不小的差距，他无法和哥哥成为亲密的伙伴。不过他也并不感到孤独，这倒不仅仅是因为曾外祖母等老人都会和他一起下棋、玩多米诺游戏，而且因为他用书本、玩具或者收集邮票和甲虫也足以自娱自乐了。星期六的下午，几乎所有的孩子都在运动场上，而他常常一个人坐在家里，面前放着一副棋盘和一本棋书，就这样度过了许多小时。

家庭使小西蒙很早就接触到书本和其他文化活动，也接触到音乐和户外活动。在家乡的小学和中学里，西蒙受到了良好的教育。

他很少需要别人指导，学校教育之外，西蒙又接受了大量课外教育。他用家中找到的大批图书和当地公共图书馆出色的科学部藏书补充了自己的知识。10 岁左右，他能够靠工具书的指引自行掌握自己的学习。他学习了经济学、心理学、古代史、解析几何、微积分和物理。15 岁的那个暑假里，他读了但丁的《神曲》和弥尔顿的《失乐园》，读了伦理学教科书，还把席勒的《阴谋与爱情》译成英文，虽然译得并不好。

西蒙喜欢向大人提问题和听他们谈话。他的父亲喜欢在餐桌上讨论政治和科学。这种谈话往往发展成大呼小叫的争论，不过西蒙旁听得多，说得少。他还喜欢看父亲制作邻里中第一个无线电装置，或者看父亲制作帆船模型，自己却很少动手。尽管父亲是个发明家，儿子却没有掌握太多的技能，甚至发明梦也做得不多。他更多地梦到的是荣誉而不是发现。他怨恨哥伦布抢先发现了新大陆。很长时间里，拿破仑是他最崇拜的大英雄。

小西蒙是个内向的、好读书的孩子，他聪敏自持，不触犯别人。同时，他又是游戏、运动的积极参加者和组织者。学习从来没有妨碍他在垒球、足球、远足和野营这些活动中花费大量的时间。由于在学校里跳级，他的许多朋友都比他年长好几岁。他还是个“左撇子”。但两只手“均不可灵活使用”，垒球合队时，他常常最后一个被挑中。在中学的学生俱乐部里他也是一个活动分子。在辩论会、科学俱乐部、拉丁语俱乐部、学生议会中，他十分活跃，他甚至当过这些组织的主席。小学四年级时，他提出了一个学校政治制度的方案，要求学生权利，怀着极大的惶恐和激动将它交给了严肃的校长。幸而校长很开明，称赞而不是惩罚他的这种“叛乱”企图。以后他便成为学生俱乐部制度和规则的主要修订人。

西蒙很为自己能独立掌握一切事情而自豪，也以经常能安排好自己的事务而自夸，并且能够承受得住语言和身体上的打击，他还以牙还牙地给予还击。但是在内心里他不能肯定别人对自己的感觉，害怕把自己公开在别人面前。他喜欢躲在幕后策划。西蒙逐渐成熟了，但选择什么职业和方向还没有确定。

“人的行为可以科学地加以研究”

童年和少年的西蒙是快乐的，他几乎不用去做什么决定，只要去取世界奉献给他的东西就行了，而世界又是慷慨的。他的兴趣十分广泛，只是科学在其中占了越来越大的比重。如果问他将来想做什么，他的回答可以从士兵到管林人、从律师到科学家。不过基本的答案是知识分子。他曾经计算过，如果有人赠给他 5 万美元，他就可以过着非常舒适的生活，并把其余时间都用来做他做得最好的事情——学习。然而机会和他的性格已经在为他规划一条道路了。

西蒙有个舅舅叫哈罗德，是威斯康星大学法律系的优秀毕业生。他在大学里学过经济学，热衷辩论。虽然他二十刚出头就去世了，但是西蒙一家一直记着他，把他看作孩子学习的榜样。他的一些经济学和心理学书也一直保存在西蒙家里。西蒙阅读了这些书，并步舅舅后尘也热衷于辩论。在辩论中，西蒙喜欢处于少数的劣势地位，比如赞成自由贸易、单方面裁军、单一税制等，有时常常坚信这些观点。为了驳倒对方，他广泛地、深入地阅读了经济学和其他社会科学著作。虽然他并不能全部理解这些书，但是学会了批判地阅读，用这一本书和那一本书辩论。辩论中由于西蒙准备充分，他经常是胜利者。这些辩论也使他学到了一条明智的实践经验：你不能通过在逻辑上击败对方来使他们改变自己的观点；当人们无法自圆其说时，并不就感到要去承认这一点。

通过阅读和辩论，西蒙产生了“人的行为可以科学地加以研究”的想法。对大多数青少年来说，科学就是他们所学的物理、数学、化学和生物这些课程。西蒙却与众不同。他看到数学在物理等“硬”科学中是有力的工具，业已取得了辉煌的成就，但社会科学也需要有同样的严格性和数学基础。他已经对自己的方向有了初步意识。世界给了他一个出色的机会，使他在成为一个数学社会科学家的方向上走下去。

西蒙参加了芝加哥普及教育计划的奖学金考试，赢得了奖学金，顺利地迈进了芝加哥大学。当时芝加哥大学正在试行改革，对学士学位的大部分要求都由综合考试来定，要求每一个学生都通过涉及广泛的知识领域的考试，内容包括人文科学、社会科学、物理科学和生物科学，却不要求他们必须上课。这正合西蒙的意。出色的中学训练和自学使西蒙几乎不用上课就能通过前两年的考试。他十分用功，从早上六点起床到晚上十点上床，一个星期七天，他都“钻”在书本里。他一入学就选了不少高年级和研究生的课程。杰拉德的启发式教育使西蒙和很多新生一样对生物学产生强烈的兴趣，可是色盲和笨拙的实验技能使西蒙决定不再从事这个有趣的专业。

西蒙斯教授的价格理论课给了西蒙在经济学中应用推导的严格性和数学的最初感受。他决心主修经济。然而学经济要学一门会计课程。他对会计学毫无兴趣，只得转到不要求学会计的政治科学。对于一个未来的诺贝尔经济学奖获得者和商业学院创始人来说，这真是个奇特的开端。

在大学里西蒙开始正规地系统学习数学。但好景不长，第二学年开始时一个微积分教授坚持要他到课堂上课，厌烦上课的西蒙只得放弃选修数学课。但他自学数学一直坚持到 20 世纪 50 年代初。

将正规学习和自学结合起来，西蒙在经济学和政治科学中打下了广博的知识基础；同时在近代数学、符号逻辑、数理统计方面掌握了适当的技巧。他学习了一系列大学物理课程，来加强和实践自己的数学技能，并以此获得了“硬”科学是什么样子的，特别是在理论方面是什么样子的第一手认知。他还选修了计量经济学、生物物理学、逻辑和科学哲学、政治科学等课程，从中学会了用生物系统模型建立简单假设、在经济中应用数学和现代统计理论进行因子分析等方法。卡尔纳普的科学哲学课还产生了出人意料的“副产品”，西蒙始终对物理哲学感兴趣，并发表了一些关于经典力学公理化的论文。

进入管理领域

环境又一次给了西蒙机会，西蒙抓住了它们走上一条确定的道路，成为一个决策理论专家。市政管理课程要求交一篇学期论文，西蒙写了一篇描述故乡密耳瓦基市市政管理的文章。他的教授克尔温曾经在密耳沃基市从事过娱乐行政管理，因而又建议西蒙写一篇关于这方面的文章。两篇文章都得到了克尔温教授的好评，但他奇怪西蒙为什么只描述而不做评价。西蒙从前对评价几乎一无所知，他就选修了里德利教授的市政府评价课程。根据自己的经济学训练，西蒙认为评价问题可以形式化为一个在预算约束下达到效用极大的目标的问题，并按照这个思路写了一篇论文。里德利教授很欣赏这篇文章，邀请他作为自己正在进行的“怎样衡量市政活动”研究计划的助手。于是，西蒙在 1936 年 9 月获得了学士学位，并成了研究生助手，把主要精力几乎都放在和里德利教授的合作研究上了。1937 年 2 月，他们开始系统发表自己的研究成果，每个月就要发表一篇城市不同部门的评价问题的论文。因为缺乏第一手资料，西蒙被派到好几个地方进行实地调查。1937 年 6 月 15 日是西蒙 21 岁生日，这天他和多罗西娅第一次约会，然后坐飞机去纽约和华盛顿出席专业会议，在飞机上鸟瞰了尼亚加拉瀑布。他觉得自己成熟了。当年圣诞节，他和多罗西娅结婚。西蒙后来说，这是他一生中所做的最重大的决策之一。

里德利是个好老师，后来担任了国际城市管理协会的主席。西蒙完成了关于市政管理评价的专题报告以后，也转到协会来工作，在那儿他通过工作和观察里德利教授的工作来学习管理。在协会中，西蒙既是《公共管理》(月刊)和《市政年鉴》的助理编辑，又是统计员，担起年鉴统计部分的工作，同时又是作者，为当时联合会编写的城市行政人员训练手册写了好几个章节。统计工作使西蒙努力去将这种工作机械化，迫使他掌握了IBM公司的穿孔卡片机、图表绘制机和插孔板装置的技术。这些技术使西蒙获得了使用原始计算机的经验和快乐。从此他一直对计算机抱着极大的兴趣。

1939年，西蒙担任了《市政管理技术》一书的主要执笔人。这部书旨在告诉有经验的城市管理者如何管理城市行政工作。写作这本书并不要求西蒙去发明什么新理论，只是把现有的知识和论文编成教科书就行了，他读了许多书。巴纳德的《经理人员的职能》给了他不少帮助。通过调研文献资料，西蒙对管理理论的现状不很满意。这个领域还没有真正成为现代化的科学领域，大部分管理方面的文章都是基于日常观察，而不是基于系统的观察和实验。西蒙认为，组织也能用我们认识人类一般行为的方法来加以认识。需要先有一个理论框架，然后才能弄清楚要做哪一类实验和研究。西蒙决心搞出一个关于决策管理的理论性学说。他决心写一本《管理行为》。这是个重要的决策，它决定了西蒙在以后20年间对组织进行研究的中心战略。

西蒙已经和里德利教授一起成为评价市政管理的全美国瞩目的权威。由于各个城市的财政计划都有困难，许多人对这个问题感兴趣。加州大学伯克利分校公共管理研究所在洛克菲勒基金会支持下进行地方政府工作情况的统计研究，要求西蒙为这一研究制订一个计划。计划批准后，又要求西蒙主持这个研究计划。当时正值 1939 年，在大萧条的危机气氛下，找份工作是人们关心的核心问题，西蒙只花了不到 10 分钟就决定接受聘请。

他没有对此感到后悔，在伯克利的 3 年是使人振奋的 3 年。参加研究计划的除了西蒙直接下属的 5 个助手，还有联邦公共事业振兴署的 50 个工作人员。在研究过程中有一段时间他们还管理了州救济署机构及人员。西蒙从中学会了管理一个相当大的组织，学会了如何激发一个下属。在 3 年的研究中，他们搞了三个专题，特别是对救济部门进行了系统的实验，这是当时在一个组织中进行过的最大的实验，其规模可以和霍桑实验相比，而设计更加系统化。在伯克利的日子正是第二次世界大战开始的时候。西蒙经常坐在山边望着海湾和金门大桥思虑着欧洲发生的动乱，挂念在希特勒铁蹄下的犹太亲友。他想参军，因为色盲不能如愿。

在这段时间里，经过特殊的安排，允许西蒙在伯克利写他的博士论文。西蒙利用一切可能的晚上和周末写出了题为《管理行为》的论文，1942 年春天在芝加哥大学获得了博士学位。这时西蒙已经认识到决策贯彻在管理的全过程中，看到了决策在管理中的作用，认为最好是把“决策制定当作管理工作的同义语”。

然而，在提出他著名的决策理论之前，他还必须对自己的前途做出决策。他接受了一个朋友的安排，于 1942 年重新回到芝加哥，在伊利诺斯理工学院任教。西蒙认为一个工科学院为一个数理政治学家安排的环境比其他大多数大学要适宜得多。

当时正值二战期间，伊利诺斯理工学院的教学工作很忙。为了增加收入，他还在国际城市管理协会中继续兼任一部分工作。他花了不少时间去扩大自己的交往。结果，他被选入学院的战后计划委员会，这使他对大学的管理和财政有了更深的认识。

管理就是决策

第二次世界大战结束时，考尔斯委员会在芝加哥大学很活跃。当时参加讨论班的有许多著名经济学家，像马夏克、科普曼斯、兰格、莫迪格里安尼、弗里德曼等，西蒙也是讨论班成员之一。讨论班中的许多人是数理经济学和计量经济学的先驱者。在讨论班中，西蒙开始了第二阶段的经济学学习。他结合米德、希克斯、莫迪格里安尼等提出的数学模型仔细研读了凯恩斯的《就业、利息和货币通论》，学习了各种新的经济和统计技术，讨论了萨缪尔森关于静态和动态比较的著名论文。这篇论文对动态系统平衡态的迁移提出了一种新的系统研究方法。讨论班还讨论了如何估计供求弹性的问题，这使西蒙进一步认识了所谓识别问题。西蒙写了一篇关于全球性移民的经济学的文章，被马夏克选中参加考尔斯委员会对原子能经济效益的研究计划，承担了原子能的宏观经济效果的研究。

考尔斯委员会中的活动不仅使西蒙学到了经济学的最新进展，尤其重要的是使他接触到了第二次世界大战结束时社会科学的急剧发展。当时，运筹学和管理科学、博弈论、信息论、控制论、统计理论、存贮程序数字计算机等各种新的学科和成就如满天星斗。这些思想都紧密地互相渗透着，在西蒙看来都是以做决策为其核心的。这些学科很快产生了一种新的科学家互联网络，网络中的科学家来自物理学、数学、统计学、经济学、生物学、工程技术、哲学，甚至来自心理学和政治科学。新的网络是几乎独立于他们各自工作的特殊领域，忽略了这些科学家的背景和训练的分歧，将他们联结起来。由于在一个理工学院工作，又是考尔斯委员会的成员这种双重身份，西蒙作为数学社会科学家很早就进入了这个领域。他在冯·诺依曼和摩根斯顿的《博弈论和经济行为》出版前就看到了这本书。后来又见到了冯·诺依曼和搞形式神经元网络的麦卡洛克等新学科的活跃分子。至于风行一时的运筹学，几乎可以说是西蒙行政管理评价研究的自然延续。由于以前的经验，他也早就看出计算机大有可为。西蒙在新的领域里如鱼得水。他仍然全神贯注在人类决策问题上，但思路大为开阔，工作也有了新的方向。

1947 年，西蒙出版了《管理行为》，提出了两个很有见地的看法：人类现实的行为不可能是完全理智的，它只能达到很有限的理智；作为他们认识受限制的后果，他们有易于识别子目标的倾向。在这两个思想的基础上，西蒙把管理行为看作决策来加以研究。他首先从分析决策过程入手。通常把做决策理解成对一些可供选择的行动方针做出抉择。实际上决策应该被广义地理解为包括在能做出最后抉择之前必须采取的所有行动。其中，首先和最重要的行动是决定某件事需要不需要办，即有没有一个要解决的问题。因此，决策过程首先要提出做决策的理由，也就是要调查经济的、政治的、社会的、技术的等外部条件，收集需要的信息，从而确定要做决策的问题。有了问题，就可以逐渐找出各种解决问题的可能的行动方案，即可供选择的策略，它包括了目的和手段两个方面的问题，西蒙认为这是设计阶段。接下去就是从两个以上的方案中做出抉择。最后还要对选择的方案进行评价和检验。这就是决策的四个阶段。决策是为了指导人的行动达到未来的目标，因此必须对未来做出某种判断。可是由于未来情况的可变性，也由于决策者受到限制（不是无所不知的，没有无限的估算能力，也没有完整的、一贯的优先程序，并不可能有高度准确的预测），决策也就一定有某种风险。西蒙否定了流行的“最优化”观点，要求不去追求完全合理的决策，而只是追求足够好或过得去的决策，要求管理的人有令人满意的行为准则，争取“适当的市场份额、适度利润和公平的价格”。

西蒙利用计算机的专门术语对决策进行了系统的划分。他把决策分成程序式决策和非程序式决策两大类。程序式决策是例行的、重复性的决策，做这类决策的组织已经有了明确的处理程序，只要运用这种程序就可以了。比如确定商品价格，核定患病雇员的工资，供应办公用品等，都是有章可循的。许多职员的日常工作都是这类用标准操作程序的工作。他们也可以依照习惯来行动。这类决策比较容易采用运筹学、数学、模型等方法，能运用电子计算机的数据处理能力来进行。有组织的机构凭借明确划分管理职责和其相互关系的体制来进行程序式决策。非程序式决策却与之相反，它牵涉到的是新颖的、没有结构的、没有发生过的问题，要做的是一次性的、不完善的、有关新方针的决策，这种决策往往对未来有不寻常的影响，因而特别重要。非程序式决策的各个组成部分可能都是程序化的，比如商业管理中各部分都是标准的商业技术，但是却要有一个总体的战略框架将它们拼装起来，这就要求通过有意识的思维过程系统地提出新的原则来。非程序式决策通常依靠判断、直觉和创造力，也可以利用经验做出概略的预测。为了解决非程序式决策，组织通常很重视挑选和训练经理人员。当然，不是所有的决策都能干净利落地进行分类的，程序式决策和非程序式决策只是决策中的两个极端，许多决策都介于这两个极端之间。西蒙对非程序式决策过程特别感兴趣。用判断、直觉、创造力这类方法制定决策的推理过程当时还几乎完全是一个谜，西蒙决心寻找它的谜底。在这方面取得进展之前，他的工作和生活又发生了一次不小的变化。

1947 年，西蒙接受了伊利诺斯理工学院政治和社会科学系系主任的职务，开始了漫长的系和学院的行政管理工作。1948 年，他又参与了建立经济合作管理委员会的工作，在其中担任管理工程部门的顾问和临时负责人。建立这个委员会是为了帮助美国政府执行马歇尔计划。西蒙在组织和管理方面的兴趣从观察和理论性工作扩展到了实践方面。他对以前一直没有时间落实按他的理论在组织中进行经验研究的计划深感遗憾。因而在出现这种机会时西蒙当然抓住不放。

1949 年，卡内基理工学院得到一笔钱来建立一个新的工业管理研究生院，为有科学或工程学位的学生提供商业教育。研究生院院长巴赫和西蒙大学时代的朋友库珀邀请西蒙去那儿当管理系教授。西蒙认定工业管理研究生院的环境和条件能使他实现在组织中做经验研究的计划，便欣然从命。他们三人在发展学院的课程和研究活动中起了主要作用。研究生院组织了两个主要的广泛的研究活动，一个是研究组织行为，另一个是管理科学即计量经济学。西蒙是前一部分的负责人，同时也进入了第二部分的工作，领导一个研究小组。他和霍尔特等人合作发展动态规划技术即线性决策规则来进行库存量控制和稳定生产。他们得出了在确定条件下做出最优决策的规划，然后又证明了确定性等价定理，使得这种技术能够用于不确定的条件。这时的西蒙既是组织理论家、管理科学家，又是商学院行政管理人。

西蒙等人建立工业管理研究生院的目的，是要在经济学和行为科学基础研究的基础上设置商业教育课程。他们几个人中都有一个原来在管理和商业教育上的广泛背景。作为社会科学家，他们并不把“基础研究”和“应用研究”根本对立起来。他们觉得以往的商业教育应像医学和工程在一两代以前完成的转变一样，必须转变成一种以科学为基础的专业。战后管理科学和组织理论为研究的繁荣提供了所需要的应用科学，学生在大学阶段定量研究的训练使得有可能把科学引进课程，这一切为他们的成功创造了条件。

卡内基工业管理研究生院的课程与哈佛商学院之类的传统的案例教育方法完全不同，很快，作为商学院的新模式受到了美国以至欧洲的瞩目。许多商学院都步其后尘走上了同一条道路。

在这段时间里，西蒙在数学和经济学方面做了许多工作，既有实质性的，又有方法论的。《人类模型》就是那段时间工作的总汇，代表了他用计算机模拟人类行为的第一步。

像人那样解决问题

组织理论是西蒙的第一个活动天地。西蒙在组织理论的研究中，设计了一个研究工业管理研究生院内部组织的实用程序。他要研究组织和费用如何受经营决策的影响，因而要详细研究做决策的过程，注意做决策的商业组织及其领导人。他越来越清楚地看到，决策问题和人类解决问题的过程密不可分。从 20 世纪 50 年代初起，西蒙就越来越多地涉及问题求解理论。当时在兰德公司的纽厄尔等人也在实验室里进行模拟防空组织行为的工作，他们来求教西蒙，请他当顾问。西蒙很快发现，他和纽厄尔两人都把人的思维看作一个“符号利用系统”或“信息处理系统”，只是两人的用词不太一样，西蒙用的是前者。他们还一致同意研究问题求解的正确途径是用计算机去模拟它。计算机模拟人的认识逐渐成为西蒙的研究中心。

西蒙对计算机一直很感兴趣，他读了所有能找到的有关计算机的资料，并早在 1950 年就看到了它在商业应用上的潜力。当时，在系统研究实验室中纽厄尔发展了一个用卡片程序计算机产生仿真雷达地图的方法。在这个方法中，计算机不是用来产生数字结果，而是用来在二维的图上画点。它不仅做数字运算，而且利用和处理非数字的符号。西蒙对此极感兴趣。他们认为能够用计算机来仿真任何一类信息处理过程，能够用计算机语言形象地描述这些过程，其中自然包括问题求解过程。1954 年，西蒙集合了一个小组，开始进行这方面的研究。

直接用计算机语言描写一个复杂过程是很困难的，他们需要有一种高水平的信息处理语言。1955 年和 1956 年春天，用了一年多时间，以纽厄尔为主建立了“信息处理”或“表处理”语言。在发展语言的同时，他们开始选择第一个努力目标。1955 年夏天，西蒙偶尔在书架上翻到罗素和怀特海的《数学原理》。这本书启发他们选择了把在几何和符号逻辑中证明定理作为第一个任务。

西蒙和纽厄尔几乎整天讨论这个问题。他们自己去证明定理，也找了些人做实验，一边思考一边把想法说出来，借以找出思维的线索。他们发现解决问题时往往遵循下述过程：把问题（两个三角形全等吗？）分解成次要的问题（如：有对边相等吗？能证明对边相等吗？），再分解成新的次要问题，直到这问题有了解答，就返回到上一层去。这是一个探索的过程，错了就回过头去找新的路线。由此看来，复杂的问题求解过程是由大量极为简单的基本元素之间相对简单的相互作用集聚而成的，因此能够用计算机来模拟这个过程，其中启发式的问题求解是关键，能帮助找到正确的途径而不必一一尝试。

西蒙等人还将《数学原理》中的证明分成尽可能小的部分，不仅分成证明步骤，而且还分出使人前进一步的所有暗示。然后将这些学到的东西努力结合进一张流程图中。日复一日，工作有了进展，流程图逐渐接近一种能在计算机上编程序的描述。1955 年 12 月 5 日，西蒙用流程图仿真了《数学原理》中定理 2.15 的证明过程，这个证明十分详细，使他承认这个图式能够编程序。他把这一天看作采用计算机进行启发式问题求解的诞辰。半年多以后，1956 年 8 月，JOHNNAC 机上编了一个程序，给出了定理的完整证明。这个程序他们取名叫“逻辑理论家”（L. T）。“逻辑理论家”大大开阔了人们的眼界，整个人工智能和人类认识领域都显现在这些探索家的面前。

对人工智能或机器思维产生兴趣的当然不只西蒙—纽厄尔小组。美国达特玛斯大学的麦卡锡在1956年计划召集致力于人工智能的科学家和工程师共度夏季，相互交流思想。信息论创始人申农和后来的人工智能专家明斯基等人都赞同这一想法，共同发起在当年召开了第一个以人工智能为名义的学术讨论会。这个会标志着人工智能学科的正式诞生。与会的有西蒙和纽厄尔，还有麻省理工学院的塞尔弗里奇和索罗门夫，IBM公司的摩尔和塞缪尔。讨论会后形成了几个以人工智能为目标的研究集体。塞缪尔搞出了下棋机。麻省理工学院的塞尔弗里奇等人提出有影响的模式识别程序，麦卡锡在1960年提出著名的LISP表处理语言，为人工智能研究提供了一种适用的有力的程序设计语言。这些都是人工智能领域里的奠基性工作。当然，第一项奠基性突破还当首推西蒙等人的“逻辑理论家”。

由西蒙、纽厄尔和肖等人领导的卡内基大学—兰德公司协作组主要是从心理学角度出发，利用心理学成就来研究人工智能的，他们形成了人工智能研究中的心理学派。“逻辑理论家”就不是根据事先编制好的固定的算法程序解题，而是采用了所谓启发式程序。它的行为已经表现出某些人推理时的心理活动和某种智能了。这个程序第一次区分了计算机的一般应用与人工智能的界限。紧接着“逻辑理论家”，西蒙和纽厄尔、克利夫等人又发展出了“通用问题求解”程序。它也是一个启发式程序，具有更大的适用范围，能解决十几种性质不同的课题，如求不定积分、三角函数、解代数方程等。他们发展的另一个早期程序是“初步感觉和记忆”程序，它提供了人类熟记语言的学习理论及模拟。这些程序都得到了不同程度的发展。

“通用问题求解”程序说明了手段—目的分析是一个基本的心理过程。比如用树木来做一张桌子，这实际上是个目标转变过程，将目标 a（树木）变成目标 b（桌子）。当然还需要有一定的工具。采用手段—目的分析方法先分析上面的目标转变，然后采取第二个步骤，缩小目标差异，目的在于消除或减少 a 与 b 之间的差异。桌子有一个桌面，就要在树木上造出一个平面来，以减小树木和桌子之间的差异。第三步是应用操作程序，即将程序应用于情况 a，也就是用锯、刨做出一个平面来。这样不断进行手段—目的分析来解决问题，是人解决问题过程中心理活动的基本过程，“通用问题求解”程序就按这种手段—目的分析法工作。

到 1965 年左右，问题求解中的工作还主要限于抽象的类似解迷宫式的问题。他们分析和探讨了传教士和食人兽问题、密码问题、象棋、河内塔问题等。在对这些有良好构造的抽象问题中人类思维过程有了比较好的认识以后，人工智能研究开始转向新的方向。一个是转向并没有良好构造的问题，如建筑设计就是一个极端的例子，它的约束很少，需要提出问题。另一个方向是自然语言理解，以及自然语言理解和其他意义表述方法之间的相互作用。另外，研究也从迷宫之类学究式的问题转向现实生活中的问题。

1972 年，西蒙和纽厄尔将他们关于问题求解的全部工作收集在《人类问题解决》一书中。

卡内基理工学院的人工智能研究组很快由于工业管理研究生院的毕业生补充进来而扩大了。工业管理研究生院是最先授予人工智能方面学位的单位之一，它的第一个博士便是纽厄尔，这是西蒙在1954年说服他的同事授予的。在计算机科学成为单独的系以前，该校已经授予了十几个人工智能方面的学位。以后，西蒙和纽厄尔等人领导在学院内建立了计算机科学系，这是第一批计算机系。同时，人工智能研究的影响也开始扩展到了心理学界。

信息处理和心理学

以往的实验心理学一般采用刺激—反应方法，像西蒙那样把出声地思考看作依据，往往被看作试图将内省作为数据来源而遭到否定。但是用信息处理观点看待心理学的看法也吸引了一部分心理学家，其中包括米勒和霍夫兰德。1958年，西蒙和他们在兰德公司组织了一个工作班子，研究表处理语言、通用问题求解程序等专题。心理学开始对信息处理研究表示出一种谨慎的兴趣。同时平行发展的还有短期记忆研究和感觉的精密定时研究，这些研究也采用信息处理方式，赢得了日益增多的支持者。今天信息处理已经成为一种时尚了。西蒙于20世纪60年代在兰德公司和20世纪70年代在卡内基—梅隆大学组织了一系列暑期工作班子，对今天所谓的认知心理学进行研究。他先和科托夫斯基合作，采用模拟瑟斯通的字母序列实验的行为方式处理图像，并和格雷格一起说明了获得概念的任务怎样用信息处理的术语来分析。在这些工作中，他加深了对人类认识过程及用模拟技术来理解这些过程的认识，这些工作和人工智能研究相互促进，又相互渗透。

人工智能研究在20世纪70年代开始进入模拟专家行为程序，即专家系统。这就要求了解专家是怎样贮存他们的知识的。任何领域的专长通常都表现为解决困难问题和迅速解决一般问题的能力。从教学课程上可以看出，我们知道专家应该有哪些专门知识。但是对专家如何通过直觉识别出解决熟悉类型问题的方法，如何把以前的知识与新的信息结合起来表示问题的方法，到20世纪70年代才有了长足的进展。西蒙在这方面也做了大量开拓性工作。

专家遇到的问题大多是他们以前遇到过的或与之同类的，因此解决问题要求有：（1）识别新问题属于哪一类；（2）在记忆中存贮解决这类问题的算法的能力。前者可以看作索引，把思想引导到记忆中的算法。西蒙等人发现，人的长期记忆中保存的信息索引项是称作“块”的有关信息单元。每个词和词组就是一个块。什么东西构成块完全取决于先前的经验。他们还发现，人的短期记忆容量受到严格的限制，这种容量不是用比特来量度，而是由块来量度的，大概在4到7块之间。西蒙等人以国际象棋为内容进行了实验。

选一个棋谱展示10秒钟，然后要求被试人将它复述出来。一个国际象棋大师几乎能够准确无误地完成这项任务，而一个新手只能复述6个左右棋子的正确位置。但是，假如棋子是在棋盘上乱放的，那么大师也只能正确复述6个棋子的位置，并不比新手高明。这儿只用到短期记忆，表明短期记忆容量只有6左右，而大师将棋谱分解成不到6个他熟悉的部分即块，才将棋谱全部复述出来。西蒙等人估计了棋谱总数，得出了5万左右的总数，这和一个受到高等教育的人掌握的自然语言的词汇量相似，因此估算出一个专家的能力包括拥有一个索引，能够记忆约 5 万个的项目。

西蒙还估计了成为专家需要用的时间。心理学实验表明要使一个块从短期记忆转到长期记忆需要 8 秒，由于专家的块不是最基本的，记忆每个块要 1 分钟，5 万个块大约要半年。但是他的同行 J. R. 海斯根据传记资料收集的材料表明要达到一个专家的地位（“大师”水平的）必须要有 10 年时间的努力。

这样西蒙就建立起了一套记忆的模式。人理解问题就是找到相应的索引引导到脑中存贮的某个块中，取出它所包含的解决办法。因此，西蒙发挥了纽厄尔等人提出的“理解”定义，认为“如果 S 具有完成任务 T 所需要的知识和程序，则 S 就理解了任务 T”。这类定义明确地指出，理解要通过提出的任务来检验。面对着不同的任务要求，可以对情况有不同深度、不同方法的理解。此外，人的理解不仅来自已有的知识，而且能够从自然语言的原文（及其他类型的感官刺激）中获得新的理解。人可以学习。这对人工智能能不能有所帮助呢？

西蒙和海斯一起做了一些以人为对象的实验和以计算机模拟为对象的实验，想发现人在遇到新的和不熟悉的任务时，是怎样获得最初的模式去解释任务的指令并完成任务的。他们发现，理解程序有两个主要部分，前面是语言分析程序，接着经过处理的语言文本又受到一些程序的作用，这些程序和一些算符一起，按照指令中确定的原则使系统从一些状态转移到另一些状态。这时它先要设计出一种结构，能适应输入中提到的对象及其相互关系，这些是原先没有的东西。这样创造了问题的表示以后，再编制程序来改进它。学习必须是结合理解的学习，存储的知识应该在完成任务的时候能够应用。西蒙和海斯合作的理解程序，具有用英语接受简单的迷宫式难题描述的一定能力，能从中提出所需的信息，和存储进行比对，转化成所求的问题、环境和程序的计算机语言。

模拟人以理解为基础的学习过程的一类程序称为产生式系统。这是瓦特曼、内文斯等人发展起来的，西蒙也做了一些工作。他搞了一个解代数问题的产生式系统。这个系统能进行产生式操作——代数运算，但是没有在什么条件下运用每个操作的知识。产生式操作是系统把每一种区别作为一个条件并把它和相应的操作联系起来。上述系统可以通过启发式的搜索来解决简单的代数问题。在解决这类问题之后，它在自己的搜索树上删去所有不必要的分支，只留下成功的搜索途径。然后这些途径又可以被系统利用，去获得更有效地解决代数问题的产生式。不难看出，产生式操作和西蒙“通用问题求解”中的手段—目的分析方法是完全一致的。

西蒙还对人的发现过程进行研究。他参与了 P. W. 兰利等人建立的以培根命名的 BACON 程序的工作。他们相继搞出了 6 个 BACON 程序，它们都采用了类似的数据推导的试探性程序，在没有理论作指导的情况下对实验数据进行归纳，探索有趣的规律。BACON. 1 可以看作实施西蒙等提出的一般归纳原则的工具。它在解决序列外推任务，学习合取与析取概念以及发现简单的物理定律中都表现出相当好的概括性。BACON. 2 中增加了启发式程序来处理信息序列，使它能注意到重复出现的符号序列并通过检验差异来发现复杂的多项式函数（包括波德定律）。BACON. 3 进一步增加了信息表示中描述的层次，它能够把自己的假设作为新的数据来处理，从而可以对它们递归地使用启发式程序，描述更复杂的定律和解释更多的原始数据。BACON. 3 成功地重新发现了理想气体定律、库伦定律、开普勒第三定律等重要的科学定律。BACON. 4 主要着眼于描述性发现的过程，它能发现、总结数据的描述性定律。它采用一组启发式程序来发现守恒性和数据中的倾向，提出一种假说并根据这种规律性来定义理论项，从而以简明的形式描述一组数据。除重复 BACON. 3 重新发现过的定律外，它还重新发现了欧姆定律、阿基米德浮力定律，特别是像道尔顿的定比、倍比定律等化学定律。随后他们又发展了 BACON. 5、BACON. 6 程序。BACON 程序的成就提示了建造一台实用的归纳机是可行的，它能从数据中发现人眼不容易发现的规律性和模式，得到了很高的评价。

计算机参与管理

西蒙在 1960 年发表《管理决策新科学》时就预测了计算机在企业管理和决策中的作用，那时计算机用于企业的还极少。他的预言大部分都被随后 20 年的实践证实了。

现代化企业中已大量采用电子计算机数据处理系统来帮助及执行程序式决策。由于人工智能研究的进展，就有可能利用启发式程序用计算机来进行某些非程序式决策。但今天还没有真正实用的启发式程序。

西蒙认为，工厂和科室的自动化与生产自动化的相似性要比人们想象的大得多。现在企业组织正在变成高度自动化的人—机系统，管理受到这人—机系统特性的限制。他认为人的知识的增长是引起变革的主要原因。一方面，人要从大量的信息流中选取他希望注意的信息来进行决策管理。现在，由于电子计算机的出现，关键性的任务不是去产生、储存或者分配信息，而是对信息进行过滤，加工处理成各个要素。由于人的信息处理能力有限，稀缺的不是信息而是信息处理能力。系统应该是信息压缩机，通过组织的等级制结构来压缩信息。另一方面，由于对人的思维和学习过程——一种复杂的信息处理过程有了一种基本的理解，计算机和人工智能就能参与决策过程，间接增强人的智能。

管理有三类问题：正常结构问题、结构复杂的问题和监督问题。正常结构问题往往用程序式决策去处理，计算机可以担当起大部分工作，自动化的速度很快。结构复杂的问题有的要用非程序式决策，自动化速度要稍慢些，但人工智能可以有所帮助。而监督问题自动化进程是最慢的。因为在组织中人面临的环境里最不稳定的部分是人——上下级和同事，对此需要有极大的灵活性。而人和计算机相比，优越之处就在于他的灵活性和适应性。因此可以设想，在自动化以后，只有少量的生产线工人，但是维修、设计及管理人员却会增加，使得人的工作方式方法和职业的相对分配发生巨大的改变。

西蒙分析了复杂的组织系统，他认为复杂系统一般都是分成等级的，这是由下述理由造成的。首先，分层结构的各个部分本身是稳定系统，因此演化最可能产生出这种结构来。其次，等级制系统中无论系统的大小发生多大的变化，每个成员的通讯总量几乎不变，因此这种系统各个部分之间需要的信息传输量少于其他类型。最后，对系统中的任一个特定位置而言，组织的复杂性与组织总的规模无关，因而较少面临结构复杂的问题。大的组织经常面临着分权的压力，因为分权后产生的分目标能引起激励，而且分组决策能够简化做决策的过程。但是现代通信的发展提供了更强大的分析和处理信息的能力，也使系统各个部分相互关联更强，因而有导致集权的趋势。并且在管理决策中应用自动化使得管理集中到对决策系统进行维护、改进以及对下层进行激励和培训这些工作上。同时自动化使得参谋单位扩大，从而使组织发生扩展。西蒙认为未来的组织将仍然是阶层等级式的，但是管理人员将更多地和结构良好的系统打交道，利用现代科学发展中的客观分析方法去诊断和纠正系统中的问题。

由于西蒙吸收了行为科学、系统理论、运筹学、计算机科学和人工智能等学科的内容对决策过程及组织与决策的关系等进行了分析，提出了组织理论而获得了1978年度诺贝尔经济学奖。许多大公司企业普遍采用了他的理论来指导管理。

西蒙自认为他对信息和自动化带来的技术革命的影响采取中间的调和立场。他觉得工业会有新的发展，但不会使得生产力增长速度很快，因为技术改造使得每个工人所需的资本也增加了。他认为，现代技术进步将越来越取决于信息处理能力的发展，因此工业革命已经从以能源为基础转到以信息为基础上来。同时，信息革命也加重了人的责任。“信息处理技术正在促使所有的人重视过去很少使我们关心的在一段时间距离或空间距离以外的我们的行为的后果（如污染和间接影响）。它正在把保护后代和我们自己的责任寄托于我们——或许是强加在我们身上。这样，新技术、新知识正在重新规定人类事物中的道德责任。”

管理实践：优秀和创新

西蒙不仅是一个组织管理理论家，还是一个活跃的实践家。他不仅在伊利诺斯理工学院和卡内基理工学院承担了行政管理职务，还在全国性的科学组织中担任过一系列职务。

他把自己在学院里的行政管理总结成两个词：优秀和创新。在条件所限下，他努力去寻找尽可能优秀的教师，并积极参加教学改革。这些改革中较大者首先是建立工业管理研究生院，然后是帮助卡内基—梅隆大学建立世界上第一个并且一直居领先地位的计算机科学系，随后是在卡内基—梅隆大学心理系中建立了一个小组来发展和推广计算机仿真和信息处理心理学。这些活动对全美国和全世界都是一种创新和冲击。

在全国范围内，西蒙作为社会科学研究理事会的委员会成员，积极鼓励社会科学和自然科学的联合，鼓励社会科学中的“硬”科学倾向，即增加实验室和野外的实验技能和技术，应用数学和计量化技术。社会科学和行为科学历来在自然科学研究理事会中没有实际地位。20 世纪 60 年代以前，美国国家科学院中只有生理心理学和古人类学作为保持着科学名誉的“软”科学占有一席之地。作为联系自然科学家的社会科学家，西蒙参加了心理学家米勒、人类学家墨道克等人领导的活动，力求改变这种不适应状态。

当时运动有两种可能的方向。有许多人主张将社会科学和自然科学分开，建立独立的社会科学院和单独的支持社会科学的研究基金。西蒙和其他一些人反对分开而主张联合。他认为这有三个理由：首先，他相信社会科学在政治上太容易受到攻击而无法独立生存。其次，已经并将继续要求自然科学对国家和政府的许多公共政策如能源、污染等提出建议和忠告，而这些问题中有很大成分是社会的、心理的和经济的因素。除非在国家科学院和全国科学研究理事会中扩大社会科学部分，这些因素不是被忽视了就是交给一些业余爱好者去处理。最后，社会科学诸学科中的“硬”科学一端在包括自然科学的组织里必然比分开的社会科学组织中更强。

在 20 世纪 60 年代开始的 10 年中，联合政策取得了成功。国家科学研究理事会扩大了它的行为科学分会，以包括整个社会科学领域。改组后不久，西蒙出任了两年分会主席。美国国家科学院也相应地扩大，西蒙在 1967 年被选入国家科学院。最后，1968 年，西蒙被约翰逊总统指定为总统科学顾问委员会成员。自然科学不再抵抗社会科学的“入侵”了。

西蒙在尼克松政府期间继续当了 3 年总统科学顾问，他主要主持环境质量小组，研究环境保护政策。

综观西蒙的工作，他研究的问题包括组织理论、经济学、计量经济学、认知心理学、计算机科学和人工智能以及经营学、行政学、政治学、社会心理学、科学哲学等社会科学和自然科学领域。研究的方法则涉及哲学、逻辑学、应用数学、系统工程、信息论、电工、计算机、人工智能等学科，在宽广的领域里做出了杰出的贡献。除了诺贝尔经济学奖，西蒙还获得过美国心理学会科学贡献奖、美国计算机学会关于人工智能的图灵奖和美国医院管理者学会管理者奖。他还获得多个名誉学位。他在自传中写过他工作的两个指导原则：使社会科学“硬”科学化，使自然科学与社会科学建立起密切的关系。西蒙一直身体力行这两条原则。西蒙已经逐渐离开了他的行政工作，但是仍然在继续他的研究工作，继续进行着用自然科学方法研究社会科学、使自然科学和社会科学联合这毕生的事业。

（作者：朱熹豪）

昂萨格

何以能成为跨学科创新大师？

拉斯·昂萨格

（Lars Onsager，1903—1976）

昂萨格是当之无愧的跨学科创新大师，这在现代科学家中极为少见。尽管以 64 岁高龄才获得诺贝尔化学奖，昂萨格的诺贝尔奖级成果却绝不仅限于倒易关系，也不仅限于化学。昂萨格和妻子以及他的朋友在得知获诺贝尔奖消息之时的第一反应都是：物理奖还是化学奖？因为哪项成果而得奖？本文将剖析这位跨学科创新大师的科研历程，探究其成功背后的关键因素。

一、昂萨格的跨学科研究历程

对于许多科学家来说，由于关注点、精力、年龄等因素，一辈子的研究创造高峰往往只有一个或者两个。然而昂萨格在整个学术生涯中横跨多个领域，创造力始终不减、高峰迭起。

1. 初露锋芒（1920—1928）

昂萨格先是在挪威技术学院攻读化学工程（1920—1925），随后跟随德拜在德国做研究助手（1926—1928）。昂萨格的首个成果就发表在德国最高水平的物理杂志上，分为上、下两篇，分别刊于 1926 年和 1927 年第一期，文章中提出的公式后来被称为昂萨格极限公式。

昂萨格进入科研殿堂始于大学期间对电解质溶液的思考。作为技术学院的学生，昂萨格掌握了从实验与理论矛盾中去寻找问题的方法。1923 年，他注意到德拜的研究成果：离子化合物在溶解之前就以离子的形式存在于晶体之中，所以在溶液中必定完全电离；之所以看起来好像不完全离解，是因为离子间的静电作用；有效屏蔽距离与离子强度的平方根成反比。德拜－休克尔公式是强电解质溶液的当量电导公式，近乎完美地解释了 1884 年阿累尼乌斯理论的异常。但是，该公式不适用于计算电解质电导率，理论与实验偏差很大。

昂萨格认为，二者之间存在差异的原因是，不能假定中心离子全部做直线运动，应该放宽约束，允许中心离子做布朗运动。这样，就可以恢复对称性，计算值与实验测量吻合良好。1925 年底，昂萨格面见德拜并阐述了见解，德拜非常赏识他，于次年 4 月为他提供了一个研究助手的职位。在此，德拜指导昂萨格完成了昂萨格极限公式的提出，这是昂萨格科研论文的处女作，虽然是牛刀初开刃但绝对锋芒毕露。1927 年，德拜在牛津法拉第学会的一次讨论会上阐述了这个公式。5 年后，科学家用实验确证了昂萨格公式的高度精确性。

这两年为昂萨格科研生涯打下了坚实基础，扩充了物理学知识，结识了杰出物理学家。最关键的是，与大师的交流，为他提供了关于倒易关系更多的思路与火花。因为从大学期间起，昂萨格就开始思考倒易关系的普遍性。

2. 斩获硕果（1928—1933）

1928 年，昂萨格来到美国，先在约翰斯·霍普金斯大学教了一个学期的新生化学，被解聘后进入布朗大学，为研究生讲授统计力学。努力提高教学水平的同时，昂萨格花大量时间研究不可逆过程，完成了荣获诺贝尔奖的成就。

读书时昂萨格就试图把热力学的一般定律应用到具有温度、压力或势能差别的非平衡体系中。在德国，通过与谢雷尔就细致平衡问题的交谈，昂萨格获得了灵感：从反向寻找能够应用微观倒易关系这一条件的热力学或化学迁移过程。在漫长赴美的辗转旅程中，昂萨格集中深入思考了这一问题，并在 1929 年整理出初步结果，于哥本哈根会议上公布，会议论文集收录了两页纸的摘要。1930 年，该摘要发表在美国《物理学评论》上。在更细致地定义概念和条件的基础上，1931 年，昂萨格完成了关于倒易关系的详尽研究，完整论文登载于《物理学评论》上，分为上、下两部分，分别为 12 页、15 页。

倒易关系描述了不可逆热力学过程的线性唯象定律中各系数间关系，成为线性区非平衡热力学的两大理论基础之一（另一个是普利高津提出的最小熵增原理）。由于条件具有一般性，倒易关系甚至被称为热力学第四定律（也有科学家持反对意见）。昂萨格倒易关系得到了很多事实支持，在热电偶上的成功就是典型例子。

昂萨格在布朗大学完成诺贝尔奖成果，还从学生中发现了雷蒙德·富斯，富斯一直追随他并长期合作。1933 年，习惯于单打独斗式研究的昂萨格，发表首篇合作论文，与富斯研究电解质中的倒易关系。

3. 精耕细收（1933—1938）

1933 年秋，昂萨格进入耶鲁做博士后。他开始向熟悉以外的领域拓展，涉及数学、化学和物理化学三大领域。这是昂萨格学术生涯承上启下的 5 年，是科研基础进一步全面扎实的 5 年，为日后横跨多个领域奠定了良好根基。20 世纪初，维安发现了电解质的导电性与离子运动速度在强电场中大大增加的维安效应。1934 年，昂萨格发表于《化学物理》上的论文指出效应成因，并得出著名公式：有效离解常数与浓度无关，在强电场中正比于场的绝对值。这是维安效应的正统解释，还在艾根的诺贝尔奖成果得到了应用。

昂萨格曾向母校提交倒易关系论文纲要作为博士论文，被认为不够完善遭拒。为了补全博士后资格，昂萨格完成了达到数学博士水平的研究，1935 年，向耶鲁大学化学系提交了数学系教授才能看懂的博士论文——《求解马蒂厄方程》。这标志着昂萨格的数学水平达到新高度，为他应用强有力的数学分析技巧与能力求解伊辛模型做出铺垫。

此外，昂萨格开始向物理化学拓展，研究了电介质问题。这是昂萨格追随德拜研究路线的延续。德拜曾提出极性分子理论，确定了分子偶极矩的测定方法，德拜公式为实验证实并且应用广泛。昂萨格发表于 1936 年的文章却一针见血地指出，德拜理论预言了极性溶液中存在从来没有被实验证实的铁电居里点，因此很可能有基础性缺陷。昂萨格提出了计算液体极性介质的内电场及其介电常数的理论，在多年后被普遍接受。

4. 广种厚收（1939—1952）

20 世纪 30 年代末是昂萨格科研的转折点，研究领域与方式都发生了转变。就领域而言，在 1939 年前，除 3 篇论文以外，全部集中于电解质、不可逆过程。就科研方式而言，1939年以前发表的15篇论文中，除2篇合作署名外，其余的全部是独立研究。在近20年的科研训练与实践基础上，昂萨格开始向多个研究领域拓展，并且都取得了重要成果，可算是进入科研量产期。昂萨格的朋友、实验物理学家乔治·卡雷里曾经评价，昂萨格有5项成果可以获得诺贝尔物理学奖，即电解质理论、电介质理论、二维伊辛模型的精确解、德哈斯－范阿尔芬效应的理论解释、超流体的量子化环流，其中后3项均出自这个时期。

从1939年的论文来看，这是昂萨格科研生涯的转折点。是年，他发表5篇论文涉及三个领域，其中3篇是合作成果：第一篇独立文章是关于晶体中分子间静电相互作用，与后来在多维相变统计力学方面的工作相关；一篇独立论文和两篇合作文章与热扩散分离法相关，是他二战中研究铀同位素分离法的基础；还有一篇合作论文涉及湍流，这次合作引发了他对湍流的兴趣，使得他于20世纪40年代中后期独立重复发现了苏联数学家柯尔莫哥洛夫在1941年提出的理论。从此，单打独斗的个体研究开始走向经常性合作：1946年以后，昂萨格共发表论文64篇，其中46篇是合作署名。

在这些成果中，最重要的是求得二维伊辛模型精确解。伊辛模型是描述物质结构变化的统计性模型，求得精确解就能从理论上描述物质相变。从20世纪30年代初起，不少科学家已从有序－无序转变问题及点阵气体等模型出发，采用近似法处理。昂萨格凭借高超的数学水平，经过复杂运算，历时几个月，初步得到决定热力学属性的配分函数。1942 年，该成果摘要发表于《物理学评论》上。随后，昂萨格用两年时间完善全部细节，《物理学评论》刊载了 33 页的全文。相变理论前辈、1962 年的诺贝尔物理学奖获得者列夫·朗道曾经评价求解精确解十分不易。与倒易关系、电介质理论需要多年才获得同行认可不同，二维伊辛模型的求解马上获得认可。曾任爱因斯坦助手的女物理学家考夫曼不顾导师昂萨格的建议，坚持改进二维伊辛模型的求解过程，虽然稍少了些精确却大大简化了过程，两人成功合作，求出模型的更多细节。

在胶体领域，昂萨格只发表了 3 篇论文，却建立了液晶理论的经典模型之一。1932 年，他发表了胶体研究的一篇摘要，10 年后，又一份简短摘要问世。1949 年，这一延续近 20 年的关注终于有了阶段性突破，昂萨格在胶体方面的最后一篇论文问世，建立起液晶硬杆模型，成为该领域的经典之作，引用率非常高。

与对湍流的兴趣始于合作研究一样，1948 年，同罗宾逊的合作论文开启了昂萨格对德哈斯－范阿尔芬效应的关注。4 年后，昂萨格独自提出了效应的理论解释——与费米面的几何形状有关，这一成果完成于昂萨格在剑桥大学卡文迪许实验室 1951—1952 年的访问期间。几年后，该理论得到了昂萨格在剑桥蒙德实验科学家同事的实验确证。

昂萨格不仅以杰出创新著称，还做出过多项天才式预言。1949 年的佛罗伦萨 I. U. P. A. P.（国际纯粹与应用物理学联合会）会议上，昂萨格预言，超流体从层流变湍流取决于量子化环流，环流量子是 h/m，存在量子化涡线。20 世纪 50 年代初，昂萨格与费正清指出，因电子对形成准玻色子，超导体单位磁通量量子化是 ch/2e。近 10 年后，费正清才用实验证明之。

在这期间，昂萨格不时回到倒易关系，做进一步发展。1939 年、1940 年，昂萨格就热扩散发表了两篇重要论文，建立起气体扩散法的理论基础，是曼哈顿工程中铀同位素分离的理论保证。为响应系主任号召，昂萨格暂时性改变了纯理论研究作风，从事了一段时间的气体扩散法装置设计，并于 1949 年发表合作论文。

5. 再下城池（1953—1965）

1953 年，昂萨格年满 50 岁，从生理学、创造学上来讲，创新高峰已去，然而，他在超流方面取得重要进展，还向冰的电气性能等全新领域发起进攻。1953 年到 1965 年，昂萨格发表论文 29 篇，其中合作成果 21 篇。从论文内容与数量可以看出这一时期昂萨格的研究特点。16 篇回到早年深入研究过的电解质、倒易关系问题，除 1 篇关于电解质的论文外，其余 15 篇都是合作研究，其中 9 篇与富斯合作完成。就在 1945 年昂萨格成为教授那年，富斯加入耶鲁大学化学系，两人继续合作研究倒易原理。总的来说，两人合作只是使理论更成熟，并无显著发展。

与上一个时期相比，其他 13 篇非早年兴趣点的论文涉及范围广泛，包括超流体液氦、玻色 - 爱因斯坦凝聚、金属电子论、低温下固体比热、磁通量量子化、丙烷的质子磁共振频谱、冰的电气性能等内容。最引人注目的是与彭罗斯的合作。1956 年，他们将玻色 - 爱因斯坦液体定义为凝聚态（或超流体）系统，这一思想后来被杨振宁吸收并有所发展。杨振宁在此基础上提出了非对角长程有序的概念，这是杨振宁自认为的得意作品之一。

在这13篇论文中，6篇是独立署名。这说明，有了丰富经验后，昂萨格的研究得心应手，不断向新领域拓展。最值得一提的是，昂萨格向液氦、冰的电气性能等问题的研究转向。他认为，冰的结构和各种缺陷很重要，充分了解它将可能对生物膜的结构和性能研究有启发。昂萨格在这一问题上的兴趣应该是与剑桥大学访问期间的经历有关。佩鲁茨曾回忆，昂萨格就水与血红蛋白结合的几种可能位置和方式，与他进行过几次讨论。昂萨格的努力并没有取得成功，正如佩鲁茨所评价，一直到20世纪70年代末他和同事们才发现结合点的确切位置。

6. 宝刀不老（1966—1976）

在昂萨格生命的最后10年中，工作与生活发生重大改变，于去世前4年离开工作了近40年的耶鲁大学，前往迈阿密大学理论研究中心，但他在学术上的研究热忱并没有受影响。不过，由于精力问题，研究放缓。这期间共完成论文26篇，15篇是合作成果。除仍然继续与他人合作早期研究的电解质问题外，昂萨格对一些重要成果包括倒易关系、伊辛模型等做了总结，并延续了对冰与液氦的关注。

特别值得指出的是，昂萨格向生物学问题的拓展，发表了4篇独立论文。首篇论文发表于1967年，初步从热动力学角度讨论了分子生物学。最后一篇论文发表在1973年为他举行的学术会议上，会议名为“生命科学中的量子统计力学”。论文讨论早期生命，系统阐述了他对生命起源的一些想法。在这个问题上，他已经与艾根探讨多年。

纵然年事已高，昂萨格还对极少涉及的放射化学表现出新兴趣。在生命的最后几天，昂萨格身体已经出现异常，呼吸疼痛、双腿有静脉炎，但他依然去加拿大参加放射化学方面的一个学术会议。

二、昂萨格何以能成为跨学科创新大师?

昂萨格的卓越成果横跨物理、化学等多个领域，并做出极富创造性的重要贡献。昂萨格为何能超乎常人呢?

1. 自由的通识教育

虽然昂萨格早年接受的教育并不系统连贯，但却是自由的通识教育，哲学、文学、艺术、历史等深深地影响了昂萨格。昂萨格喜欢阅读古典文学和哲学，尤其喜欢挪威史诗，在他的一生中经常阅读并背诵给他的朋友和家人听，既用原文也自行翻译成英文。昂萨格在音乐和美术方面很有眼光，他的朋友非常欣赏。昂萨格对克里斯皮尔棋非常热爱，并十分精通，曾经告诉彭罗斯研究出一个妙招。与朋友卡雷里漫步罗马时，昂萨格跟他讲述古罗马历史。射德洛夫斯奇说:“如果向他提出关于北欧神话、园艺、微妙的克里斯皮尔棋甚至是关于有机化学的百科知识等问题，他经常会长篇大论。”恰如迈阿密大学的理论研究中心主任科苏诺格鲁所言，昂萨格是一个“科学伟人——兼具深厚的人文主义和科学素养”。

在文学、艺术、哲学、历史等方面的精通与热爱，使昂萨格面对科学问题时心智独立、视野开阔、思维发散、方法灵活。钱学森对此深有体会，他说：“我觉得艺术上的修养对我后来的科学工作很重要，它开拓科学创新思维。”科学大家，从庞加莱、爱因斯坦到薛定谔、奥本海默，从杨振宁、李政道到钱学森、袁隆平，都是科学与人文艺术的结合体。自然科学对人文艺术的发展有促进作用，人文艺术同样对自然科学的研究会产生启发，对人文艺术的热爱追求会迸发科学研究的灵感，对人文艺术的精湛理解可以融会贯通艰涩高深的科学研究内容。昂萨格有着很高的人文艺术素养，对他的科学研究不无裨益，与自由的通识教育息息相关。

2. 科学的专业养成

昂萨格在挪威技术学院有两大收获，其中之一就是认知自我特性及如何寻找科学问题，培育了专业素养。

认知自我特性是找到适合自己的科研方式、准确定位的第一步，爱因斯坦也是从年轻时就认识到自己更适合物理研究而不是数学研究，丘成桐则刚好相反；杨振宁在实验室里摸索了一年多后才明白自己更适合理论研究而不是做实验。虽然昂萨格在化学和物理方面的成就都属于理论研究，但是，在技术院校就读并主修化学工程的事实说明，他热爱实验。而且，从昂萨格一直喜欢园艺、木工等劳动，在耶鲁大学安定下来后就购买农场的事实可知，他对动手之类的工作有特殊爱好。昂萨格之所以没有延续他的实践爱好，进入大学后不久就想超越实用科学，转而投入实用所基于的理论背景研究中，与学院的训练息息相关。学校的老师，尤其是科隆柏格和赫鲁兹马克教授对昂萨格在理论方面帮助很大，使他能够正确认知自己的知识背景，指导他从多方面获取化学理论知识。

当昂萨格还是大学新生时，就被老师告知要仔细研究化学期刊，作为获得理论背景知识的重要手段。昂萨格评价说，期刊告诉了他大量与书本不符的事实，以及为何存在差异的初步解释。参考期刊而不是教材的做法显示出不足20岁的昂萨格具备了独立心智，以研究精神在大学里学习。有了独立的判断力，思考才能发展出深刻的科学原创。所以，弱冠之年的昂萨格能迅速掌握德拜刚发表于权威物理期刊上的新理论，注意到莱伯在《德国化学学会学报》最新公布的实验结果，最后提出倒易关系原理。作为化学工程系的学生，昂萨格不但关注当时在基础科学上领先的德国权威化学期刊，还关注权威物理期刊，显露出横跨物理、化学的宽广视野。

昂萨格曾对科研工作者进行分类：掌握很多方法、带着方法寻找易求解问题者是二流人才，发现问题、打造解决之器者是一流人才。就他自己而言，无疑是践行一流工作。由于理论基础扎实、工程背景深厚、对实验现象敏感，昂萨格一生中研究的主要特点都是从理论和实验的差异入手，认清问题自身，然后锻造解决问题的武器。

3. 严格的数学训练

昂萨格在技术学院的第二个重要收获，就是掌握了有力的数学工具。昂萨格进入大学之初倾向于实验研究和工程实践，经过老师的指引，开始为理论研究进行严格的数学训练，掌握了高超的数学技巧。在布朗大学期间，昂萨格还通过数学家托马金学到更多数学知识。

昂萨格在大学期间购买的《现代分析教程》，由惠特克和沃森合著，1902 年由剑桥大学出版社出版，该书以艰涩高深著称。昂萨格完成了其中大部分的习题，这些训练对他后来的研究不无裨益。哈伯德在 30 年后向他请解，怀疑《现代分析教程》中关于解析延拓的一个错误，昂萨格翻出了这本书，已经破旧散开成几个部分，哈伯德看到书里面写满了笔记、更正与扩展补充。昂萨格的博士论文应用了其中的理论，所以只有熟悉这本教材的数学系教授才能看懂论文，因此强烈建议授予昂萨格博士学位。

昂萨格在大学里获得的数学技能炉火纯青，不但在博士论文中运用自如，在后来研究中亦得心应手，产出颇丰。回顾如何求得伊辛模型精确解时，昂萨格曾称用到的数学技巧为“一两把刷子”。昂萨格所运用的“一两把刷子”不但强大，而且神秘，就连数学功底扎实的杨振宁都无比诧异，他两次拜读昂萨格的论文而无法理解其求解过程，感觉被求解过程牵着鼻子走，最后突然冒出精确解。1965 年，杨振宁与昂萨格在交谈中得知，通过对角化两条、三条、四条、五条、六条一维伊辛模型自旋链连接系统的转移矩阵，昂萨格看出了转移矩阵隐藏的乘积结构，从而猜出了精确解，交换子的计算就是为了找出此乘积。

计算二维伊辛模型精确解的过程，充分说明了昂萨格拥有精湛的数学技能和超乎寻常的洞察力。因为随着自旋链数的增加，矩阵阶数相应增加，矩阵对角化的工作量成指数增加，昂萨格能求得十多个自旋链系统的精确解，并在做完第六条时就直接猜出精确解，再用几个月时间去验证七条、八条直至十几条自旋链系统的解是否符合猜测。昂萨格的数学功底是他研究成功的一大法宝。求精确解过程中所应用的椭圆函数和四元数代数，当时很多物理学家完全不懂。昂萨格建立液晶理论时，再次使用了椭圆函数确定其中的一个集团积分。

昂萨格既拥有了提出科学问题的深邃洞察力，又学到了高超的数学技能作为解决问题的强大武器，确如学者所言，“1925 年当他获得化学工程学位时，一个旷世奇才踏入科学殿堂”。

4. 良好的科研保障

在接受通识教育、培育了优良的科研素质后，昂萨格具备了从事科研的内在条件，善于研究的特质已经在大学期间初现端倪。天才需要沃土来扎根成长。来到开放包容的美国后，昂萨格的科学研究更是如鱼得水。

虽然聘请昂萨格的第一所大学并没有给他施展才华的机会，但接下来的布朗大学、耶鲁大学都表现出了宽容的气度，没有计较昂萨格的不善于表述、不适合教学的缺陷，使得他能够在此安定下来并专心于科研。聘请昂萨格的布朗大学化学系系主任克劳斯是讲求实际的资深实验化学家，曾经在一战期间领导化学战部队，但他接受了理论家昂萨格，签署仅有本科学历的昂萨格为研究讲师。克劳斯也曾督促昂萨格做实验，但是当昂萨格研究了热扩散法分离同位素，告知所需要的唯一设备是从地下室延伸到三楼的白金管子时，克劳斯决定还是容忍他的纯理论研究。事实上，昂萨格在布朗大学的全程研究都与周围同事格格不入，以至于诺贝尔奖成果在发表时周围的同事无人关注。昂萨格在布朗大学教研究生统计力学，由于讲解太过艰涩，被学生称为“凄惨力学”。

即便讲学水平并不高，昂萨格仍得以在此专注地将自大学期间就思考的倒易原理整理清晰、完善细节，这与布朗大学、耶鲁大学的宽容是分不开的。

做博士后的昂萨格并没有博士学位，耶鲁大学能灵活变通，同意他提交博士论文以满足条件。化学系教授看不懂他提交的博士论文，并没有简单否定，而是听从了数学系教授建议授予学位。昂萨格以数学博士水平的数学论文获得化学博士学位，是一大佳话；作为一个教师，他的表现仍然没有多少改进，所讲授的统计力学在此被赋予另一个绰号——“高级挪威语”。然而，在伊辛模型一文发表的第二年，昂萨格就被任命为德高望重的吉布斯教职，此时距他成为副教授仅 5 年。著名科学家吉布斯开创了用数学解决物理学和化学问题的方法，昂萨格显然无比适合这一职位。这反映了一个大学应有的兼容并蓄，给昂萨格这位思维超出常人、讲课有如天书的奇才以足够的科研保障。他也确实不负重望，在良好的学术氛围中一展身手，继续在多个新领域做出如液晶的硬杆模型、金属抗磁性、超流体的量子化涡旋理论等创新性贡献。

三、结语

昂萨格是现代科学家中少见的跨学科创新大师。从化学、物理、数学到生物学，昂萨格都有不俗表现。正如杨振宁所评价：“如果一个科学家同时具有强大的数学分析能力和物理洞察力，这是非常罕见的。拉斯·昂萨格，正是一个这样的人。他的研究涉及数学、物理和化学。”剑桥大学卡文迪许实验室第七任主任皮帕德与杨振宁的评价高度一致：昂萨格“在化学和物理方面兼具深刻洞察力，在数学上拥有惊人的技能”。昂萨格能成为跨学科创新大师，与自由的通识教育、科学的专业养成、严格的数学训练及宽松的科研环境关系密切。

（作者：刘艳琼）

贝塔朗菲

人文系统理论的先驱者

路德维希·冯·贝塔朗菲

（Ludwig von Bertalanffy，1901—1972）

路德维希·冯·贝塔朗菲，20 世纪杰出的思想家之一。他从生物学领域出发，涉猎医学、心理学、行为科学、历史学、哲学等诸多学科，以其渊博的知识、浓厚的人文科学修养，创立了 20 世纪具有深远意义的一般系统论，使他的名字永久地与系统理论联系在一起。1972 年，法国科学家委员会曾提名他为诺贝尔奖候选人，但是在诺贝尔奖评选委员会讨论这个提名之前，贝塔朗菲不幸辞世。

提起贝塔朗菲及其一般系统论，令人想起前些年国内出现的系统理论评价热，但热过之后人们很快就趋于沉寂。这是因为：一方面当我们以功利性的标准去要求系统理论时，往往会觉得它过于抽象而无法导致具体应用；另一方面，我们对一般系统论本身的介绍又确实流于空泛，这就使得它常常成为介绍 20 世纪科学新思维的开场白，过后即退出舞台。现在当我们回过头来，追寻系统思想的源头，在其创始人贝塔朗菲那里，我们才发现，一般系统论其实蕴含有丰富的人文性和哲学意义。所谓人文主义，是指把人类的价值放在技术、商业、政治价值之上，强调个人的尊严及人是最终目的的思想。贝塔朗菲的一般系统论，自始至终贯穿了这一思想，他在著述中强烈地表现出对人类本质的理解，对当代科学技术的反思，对价值判断的思索及对人类未来的关注，总而言之，是一种对人的终极关怀。正是在这一点上，贝塔朗菲使自己与系统工程学派分开，因为后者关注的是技术处理问题，而他探究的是系统运动中所表现出的人文价值，这不是一个能用功利性标准去衡量的问题。但是，当一般系统论传入中国时，我们忽视的正是这一层次上的人文价值，而在有用与无用之间对它进行取舍，当然它只能在现实的标准面前退却了。本文通过对贝塔朗菲学术生平的介绍，以期读者对作为思想家的贝塔朗菲本人及其一般系统论有一个比较全面和更深刻一些的认识，或可以此弥补国内系统论研究现状的某些不足。

一、颠沛流离的学者生涯

1901 年 9 月 19 日，正当 20 世纪拉开序幕之时，贝塔朗菲降生在维也纳一个古老而又赫赫有名的家族之中，其家族史可溯源到几个世纪以前，也许正是他那古老的家族，孕育了他日后对历史学的浓厚兴趣。贝塔朗菲的父亲，古斯塔夫·冯·贝塔朗菲是一个杰出的铁路管理人员，他的母亲夏洛特·沃吉尔是维也纳一个富裕出版商的女儿。由于贝塔朗菲的哥哥、姐姐都不幸早夭，所以贝塔朗菲受到了母亲极其细心的照料，10 岁以前，他一直在家里接受私人教育。

少年时期，贝塔朗菲的父母离异，并又各自重新组织了家庭。贝塔朗菲随母亲与继父爱德华·卡普兰一起生活。像他的生父一样，卡普兰也是一个杰出的铁路管理人员。在度过初始的一段冷漠期之后，贝塔朗菲开始欣赏继父及其母亲生活圈子中的朋友，朋友中有艺术家、学者、科学家等，这使贝塔朗菲从小就受到学术氛围的熏陶。

在大学预科学习阶段，贝塔朗菲既涉猎了荷马、柏拉图、维吉尔等人的著作，还接触到拉马克、达尔文、马克思、斯宾格勒等人的理论，并且掌握了数学中的微积分。此时他的爱好广泛，兴趣还未定型，这从他还尝试写过诗、戏剧和小说中得到证明。在一个小型的家庭图书馆中，他熟悉了显微镜，同时开始学习动植物的解剖。贝塔朗菲早期对生物学的兴趣，显然与环境的熏陶有关。母亲的朋友也是他们的邻居——保罗·卡默勒先生是一个生物学家，信奉拉马克主义，他经常与贝塔朗菲一起讨论生物学问题，这对贝塔朗菲日后生物学观点的形成有着重要的影响。也许是得益于这种与众不同的求学生涯，贝塔朗菲能自由地涉猎广阔的知识领域，从而为他以后的博学和跨学科研究打下良好的基础。尽管在大学预科学习时，贝塔朗菲经常缺席，但他最后毕业时仍获得了优异的学习成绩。

在因斯布鲁克大学度过一段时期之后，贝塔朗菲注册进入维也纳大学。在那里，他强烈地被科学和哲学所吸引，并参加了由科学家和哲学家共同组成的维也纳小组的讨论会，这个小组的领袖人物就是维也纳大学哲学教授、逻辑实证主义学派的创始人石里克。对于贝塔朗菲来说，当他系统地踏进哲学门槛之际，首先受到的正是逻辑实证主义学派的强烈影响。贝塔朗菲一生都敬重、仰慕石里克，但这并不妨碍他对石里克所代表的哲学观点的反驳。逻辑实证主义认为，哲学应当同科学联姻，与形而上学分离，因此就要抛弃宗教、伦理学等有关人类价值的问题，忠实于严格客观的经验事实。正是在这一点上，贝塔朗菲认为，每一个科学上的努力都要受到当初决定从事这场努力的出发点的影响，对这一基本偏见存在的否认，就是一种伪善或道德白痴。绝对的科学客观性是一种神话，而对于人类价值没有任何兴趣的科学家也只能是一种机器人。贝塔朗菲一生的研究事业都与这种基本态度密切相关。

在生活的道路上，青年贝塔朗菲很快就领略了爱神的魅力。1924 年，贝塔朗菲遇到了后来成为他妻子的姑娘玛丽·鲍尔，相遇后短暂的接触，使他们很快成为志同道合的朋友与恋人。玛丽是一位金发碧眼、温柔美丽的女孩。她是维也纳一位商人的女儿，已从大学预科毕业，并通过了大学录取考试，正在考虑选择数学或医学专业。但是正如她多年以后所回忆的，“我没有进入大学，因为我的生涯已与贝塔朗菲融为一体”。确实，几乎从他们第一次相遇起，她就成为他的一部分，他的每项成果无一不留下她的影响的印记。他们于 1925 年 3 月结婚，婚后有一男孩，后来成为生理学家。

与此同时，贝塔朗菲在学术的道路上奋力跋涉。在石里克教授的指导下，贝塔朗菲完成了博士论文，是对一位心理生理学的先驱者古斯塔夫·费希纳的研究，这是他对心理生理学流露出浓厚兴趣的端倪。1928 年，他出版《现代发育理论》一书，这是一本评价当时流行的各种生物学理论思潮的著作，他的有机论生物学观点在此崭露头角。1932 年，他发表《理论生物学》第一卷。1933 年，《现代发育理论》被翻译成英文。随后的一年，维也纳大学任命他为无薪教师，这是一种只有荣誉没有薪水的职称，后来他在动物系担任正式教授，为医学专业的学生讲授生物学。在贝塔朗菲以后的教学生涯中，他的听课对象大多是医学院学生，这显然有利于他在生物学与心理学这两大领域从事研究与著述。

1937 年，贝塔朗菲获得洛克菲勒基金会的赞助，用一年时间研究美国生物学的发展，以便为维也纳的同类研究提供借鉴。作为洛克菲勒基金会的研究员，贝塔朗菲在芝加哥大学开设了一系列讲座，利用这一机会，他首次向公众宣传他那尚处于酝酿之中的一般系统论原理。1938 年春，他们夫妇俩又走访了美国的许多大学，这是一段美好而又辛酸的时光，因为正是在那时，他们获悉家乡已被希特勒吞并。于是，他们决定留在美国，贝塔朗菲向基金会提出申请要求再延长一年。答复是这项申请需要一封来自申请者原来大学的保证信，以便他回去后可继续得到一个求职位置。这封信很快得到了，但后来的情况却是，基金会以贝塔朗菲可以毫无困难地得到求职位置，而某些科学家和学者却处于更糟糕更需要帮助这一境地为理由，拒绝了这一申请。贝塔朗菲欣赏这一道德逻辑，但却抑制不住深深的失望。于是余下的时间，他在马萨诸塞州的海洋生物学实验室，对一种扁虫的生长性质做研究，并且利用这一机会同其他生物学家一起讨论生物学问题，他们中有摩尔根、韦斯等。然后夫妇俩在纽约乘船回欧洲，虽然他们对未来充满忧虑，但却没有料到，他们正在驰向二战的深渊。

一到维也纳，贝塔朗菲就投入到繁忙的工作中。在实验室，他又对生长的性质，包括癌的生长进行了研究。战争爆发以后，他还担任了繁重的教学工作，为医学院学生开设生物学课程。年轻人为避免进入德国军队，纷纷注册学医，于是学生人数剧增。战争期间，德国对科学家的束缚不是很严重，也许因为第三帝国的科学家在纳粹迫害下已所剩无几。最为困难的是在战争后期，1945年4月，苏联军队包围维也纳期间，炸弹毁坏了大学的实验室和办公室。贝塔朗菲夫妇俩在25年间收集的书毁于一旦。此刻，剩下的选择除了失望就是工作。正是在如此艰难时期，贝塔朗菲开始了《生命问题》的写作，这是一部系统阐述贝塔朗菲生物学思想的著作，其中还对一般系统论的有关问题进行了探讨。

1948—1949年，贝塔朗菲受莱迪·戴维斯基金会赞助，去加拿大渥太华大学任生物学教授，再次为医学院学生讲生物学，还帮助筹建生物学系，并获政府赞助研究生长和癌细胞问题。在那里，他发明了一种简单的癌症诊断方法，并且长期以来对生长性质的研究也取得了成果。在对细菌、昆虫、啮齿类、蠕虫、蛇的生长研究基础上，他设计了一种数学方程，可用于预测被测试物种的生长速率，还可应用于对植物、动物生长过程的基本研究。贝塔朗菲对人和动物的不同生长曲线特别重视。由于受激素的影响，人类的幼儿期延长，从而性成熟推迟。贝塔朗菲认为正是这一特性，使得人类有更多的时间来学习和创造文化，这就为人类文明的积累和符号世界的创造提供了体质上的条件。

1954年，在接受他的加拿大身份后，贝塔朗菲辞去了加拿大的工作，接受邀请成为加利福尼亚州斯坦福行为科学研究中心的研究员。这一决定对于系统运动来说具有深远影响。因为正是在这个中心，贝塔朗菲与经济学家K. E. 博尔丁、生物数学家A. 拉波波特、生物学家R. 吉拉德合作，成立一般系统理论学会。但中心仅维持了一年，贝塔朗菲不得不再次寻找工作。

1955 年 11 月，洛杉矶西奈山医院心理—生理研究所的精神病学家 F. 亚历山大邀请贝塔朗菲到研究所主持生物学研究。在医院中，贝塔朗菲研究用幻觉剂和镇静剂来治疗精神病人，并继续对生理学和疟疾做研究。与此同时，他还在南加州的医学院生理学系任访问学者，给另一个精神病诊断所做讲座。在此期间，他频频参加国际有关心理—生理学方面的学术讨论会，会晤心理学家皮亚杰等人。

在洛杉矶，贝塔朗菲度过了一段美好却是短暂的时光。1958 年，医院的研究经费发生困难，贝塔朗菲被迫再次寻找工作。令人啼笑皆非的是，在找寻工作时，他总是遇到一个麻烦，就是不能解释为什么在二战期间，他留在纳粹统治下的欧洲。终于他找到了一个工作。精神心理学家卡尔·门宁格意识到贝塔朗菲的系统研究对于精神病学的价值，就邀请他到门宁格基金会做访问学者。近 60 岁时，贝塔朗菲的朋友、心理学家罗伊斯邀请他到阿尔伯特大学帮助建立理论心理学研究中心，并兼任生物学系的理论生物学教授。在这段时期，贝塔朗菲发表了《机器人、人和意识》(1967)、《有机心理学和系统理论》(1968)，还有《一般系统论》，该书被翻译成德、意、法、西、日等文。鉴于他在心理学领域做出的贡献，1967 年，美国心理学会选举他为荣誉学会会员。

除此以外，贝塔朗菲还在纽约州立大学的社会科学系任职，并在理论生物学中心工作。在那里，他讲授多种有关系统科学和哲学的课程。他的同事回忆道：贝塔朗菲是一个相当外向和喜好交际的人，他毫不费力就能接近他并不认识的人。尽管他那 3 小时的讨论班定在每周五下午 4 时，但他的听众从未少于 50 人。

1971 年初，贝塔朗菲因心脏病发作住院，三星期后痊愈出院。1971 年 9 月，贝塔朗菲到了退休年龄，但又有一年的延期。在他 70 岁生日之际，他的朋友为他举行了一个生日晚会，参加者有博尔丁、拉波波特、罗杰、拉兹洛等人。

1972 年 6 月 9 日，贝塔朗菲正在工作时，他的心脏病再次发作，他被送进医院，这一次没有挺过来。

这位与世纪同岁的睿智的老人，走完了一生颠沛流离的学者生涯，但他的名字已与系统思想共存。

二、开创理论生物学领域

曾经有位学者这样表述道："生命可以被定义为是一件侥幸做成的艺术品，而理论生物学则要探索它是如何做成的。"在如何做成这一问题上，机械论和活力论有不同的回答。前者拘泥于简单还原观点，后者乞求于非科学的神秘因素。贝塔朗菲则独辟蹊径，对有机论的观点重新界定并加以探讨。从历史上看，有机论的观点由来已久，而贝塔朗菲则使其以一种崭新的面貌出现在 20 世纪的生物学舞台上。这就是说，贝塔朗菲以一般系统论的思想充实和丰富了有机论学说。

1932 年，在《理论生物学》第一卷中，贝塔朗菲首次用"开放系统"的概念来描述生命体。开放系统通过持续地与环境交换物质与能量从而维持其动态存在，新陈代谢就是这样一种过程。他写道："生命的形式不是存在着，而是发生着，它们是通过有机体同时又是组成有机体的物质和能量的永恒流动的表现形式。”生命体中的等终极性现象就是通过这种动态过程才得以完成的。所谓等终极性现象，是指有机体具有一种从不同初始条件出发，通过不同的途径，到达给定的最终目标的能力（而在非生命系统中，最终状态的获得是由初始条件所决定的）。经典例子就是杜里舒的海胆卵实验（一个海胆受精卵，分裂至四细胞阶段时，通过摇动使每个细胞分离，于是，四个细胞长成了四个幼小的个体）。这是因为在一个开放系统模型中，没有固定的途径和模式，与内外环境交换信息的结果，促使系统走向一个给定的目标。这种动态的过程以一种稳态的形式出现，这是指分解和合成的平衡，是一种自我调节的过程。贝塔朗菲把这种自我调节的稳态看作“生命系统的基本特征，所有其他的特征，如代谢、生长、发育、繁殖、自主性活动等，都是这个事实的最终结果”。

值得注意的是，贝塔朗菲所说的稳态既不同于物理学中的平衡，亦不同于坎农的自稳态。因为“虽然自稳态模型超越了旧有的机械论框架，它承认周期性的自我调节过程中有目标的方向性活动，但它仍然依附于机械理论，因为反馈模型本质上依然是建立在被动的刺激—反应框架基础上，仅仅在此基础上增加了反馈环而已，而大量的事实证明，基本的生命行为是自发的过程”。研究已经显示，器官的自律性活动，如心脏、呼吸中枢等的运动具有原始的自发性，并不是仅对刺激做出反应。当有机体处于一个缺乏外界刺激的环境中时，其正常状态不是静止而是运动的。相似地，我们还可在本能行为中发现这种自主性活动。由此看来，对刺激概念必须做出修正，如果有机体基本上是一个自主的系统，那么刺激（外界条件的改变）并不引起一个过程而是修正这一过程，这就导致一个重要结论，与通常看法相反，并不是刺激而是内在状态同正常状态的距离—需要，才决定了有机体的反应，这种需要对动物来说表现为寻找食物、交配等，在人类身上，则有更高层次的表现。所以，贝塔朗菲认为他的哲学观点中，极其关键的核心内容是“有机体并不是被动地对刺激做出反应，而是一个在本质上能自主活动的系统”。只有首先意识到这一事实，才能理解人类关系的各个领域。

虽然贝塔朗菲并不是第一个使用开放系统概念的人，虽然这个概念仅仅只是陈述了一个事实，但是，他对这个概念的应用依然有不可磨灭的贡献。因为他使这个概念成为思维的多方面工具。在贝塔朗菲的一般系统理论中，开放系统概念成了一把锁，开启了许多新领域，不仅在生物科学，而且在行为科学和社会科学。

贝塔朗菲还讨论了开放系统演化中逐步机械化这一事实。原始的系统往往具有全能性或无限的可能性，随着过程的展开，这些特征逐渐丧失，代之而起的是功能的精确化、固定化，无限的可能性被有限的现实性所替代。这就是系统演化的机械化过程。从广泛的意义来看，生物的进化、个人的成长、社会的演化乃至人类思想史的进程，都体现出这种逐步的机械化过程以及为此而付出的代价。所以进化在某方面的过分展开，同时也意味着特化，也许是进化的死胡同。但值得庆幸的是，人类的诞生正是以人类体质上的原始性为前提的。人类高度进化的不是体质上的某个器官（如动物），而是无与伦比的大脑系统。正是凭借智力上的优势，人类的足迹甚至踏上了月球。但这一进化途径同样值得反思，人类是不是该对自身如此发达的智力优势有所警觉以免误入进化的死胡同？

从有机的系统观出发，贝塔朗菲还对达尔文进化论做了重新评价。他认为，现代综合进化理论是一种机械理论，莫诺的《偶然性和必然性》是其顶峰。贝塔朗菲一生都在致力于反对这种理论。他承认，自然选择和随机突变在进化中起了重大作用，但绝不是全部。因为这不能解释自然界中明显存在着的多样性事实。新达尔文主义认为所有存在的适应性都是成功的适应机制，但这不过是一种同义反复。这一机制也不能解释极其复杂的构造如眼睛的出现。在眼睛的进化中，问题在于第一个原始器官是如何随机出现的，因为它显然缺乏生存优势，而随机突变更可能是破坏而不是改进它所具有的潜在价值。贝塔朗菲还认为新达尔文主义最不能解释的现象是从简单到复杂的进化趋势，如果最适合就能生存，那么我们今天仍有可能是微生物。

受 19 世纪及 20 世纪初期社会思潮的影响，有用成为评判进步的唯一标准，于是在达尔文进化论中，有用也正是适应的同一意义。然而在贝塔朗菲看来，进化并不仅仅表现为受利益所控制的机遇的产物，它似乎是一出忧虑的、动态的、悲剧性的戏剧。在生命的进化中，每一步都付出了代价。从单细胞到多细胞，同时引入了死亡；机械化过程使生物丧失了损伤后的可调节性，而高度发达的神经系统则给人类带来了对痛苦的意识。

所以贝塔朗菲认为，生物的进化，除了受达尔文主义理论所设定的那些原则支配，必定还有一种原则在起作用，这就是有机体内部的自主进化，或者说调整有机结构的系统原理。他认为这能解释新达尔文主义留下的空隙。“从一般生物学的观点来看，进化的基本点不是物种的形成，而是有机结构的起源……新物种的形成意味着在所有层次上有机结构的调整。”

贝塔朗菲曾从歌德的自然哲学中吸取了丰富的养料，歌德对生物学的研究使他相信，自然界中存在着一种总体设计，所有存在的植物，都可被追溯到一个共同的原始模型，所以，他致力于搜集同源性的证据。贝塔朗菲认为，歌德已凭着一个诗人的丰富想象力，领悟到了一般系统论原理，这就是对一种协调的整体性因素的追求，而且歌德的观点中还孕育着一种动态性，因为自然的原始模型不是一种静态的画面，而是从不间断的生成之流。

另一个对贝塔朗菲产生深远影响的是德国生物学家海克尔。海克尔首创生态学并提出系统重演律。但是，在贝塔朗菲看来，海克尔最重要的贡献却是接受了歌德的观点，将自然看作一个整体，由统一的自然规律和谐地支配。

显而易见，作为一名在德奥文化氛围熏陶下成长起来的学者，贝塔朗菲的学术风格具有同英美学派鲜明不同的色彩，这就是重整体、重和谐、重内在主动性。贝塔朗菲在构筑他的理论生物学体系乃至一般系统理论时，自始至终贯穿了这一风格。从广义上来说，这也是德奥文化对世界文明做出的独特贡献。

正是在上述观点的基础上，贝塔朗菲构筑了他的新生物学观点，这就是进化源于整体层次上的有机结构的调整而不是随机突变。现代生物学中的结构主义观点也继承了这一解释方式，它认为

"存在某种有效的发生原则，赋予生物可以理解的统一性，也包含明显的多样性"。所以要"认识使生物体形态和行为特征成为可能的发生原则或自组织原则"。在这里，基因的作用是必要条件。但绝不是充分条件。这些思想与贝塔朗菲的观点不谋而合。当代生物学缺少的正是这种科学的生物学理论赖以建立的适当的形而上学原理。所以，今天回味贝塔朗菲的观点，仍有不少令人深思之处。

在人文性这一层次上，贝塔朗菲重新评价了达尔文理论。达尔文革命，被大多数思想家赞誉为"使人脱离了中心的神圣地位"。如果人真的走下了神坛，仅是随机选择的产物，那么对人类的潜能和命运做出幻想岂不是在浪费时间？人的尊严、理想、对未来的关注又该立足于何点？所以，贝塔朗菲一生都在与这种作为价值观的机械论做着不懈的斗争。他致力于要创立一种新的伦理体系，来珍爱人类超越生物性的能力，珍视人的自然性、不可预测性和个体独特性。于是，贝塔朗菲从理论生物学转入了心理学领域的研究，在该领域中，贝塔朗菲开始直接面对人的价值、人的尊严这一事实。

三、对人类本质的探索

自从近代科学诞生的几百年来，随着科学尤其是技术的迅猛进步，源于宗教和哲学的荣誉感日趋式微，人类正在蜕变为另一种动物。对此，贝塔朗菲怀有深深的忧虑感，他担心，这将使人成为千篇一律的产物而不是理应受到尊敬的独特的个体。于是，探寻人类的本质，就成了我们这个时代面临的关键问题。

二战后期，贝塔朗菲在维也纳开始写作这方面的论著。20 世纪 50 年代在美国时，他提出大量新观点，在他的最后一部著作《机器人、人和意识》中，他集中论述了这方面的问题。贝塔朗菲认为，人类的机械论图景植根于心理学的行为主义学派之中，该学派的先驱者是俄国生理学家巴甫洛夫。巴氏致力于研究条件反射许多年，最后形成一个理论，认为人类人格上的差异是由于个体对各种刺激做出不同反应的结果，华生的行为主义理论正是奠基于此。虽然华生的行为科学将条件反射实验限制在一些动物身上，但他还是对人类行为做了研究。先是在美国，后是在欧洲，对人类行为的研究在数十年间蔚为风尚。华生认为，心理学家应当抛弃所有主观的有关人类行为的概念，包括心灵、激情、愿望，而要集中于定量的行为上，如条件反射，由此发展出一门行为控制科学。哈佛实验心理学家斯金纳发展了巴甫洛夫的理论，将刺激—反应条件技术称作操作条件，在这种条件下，实验动物会对刺激做出反应，结果动物就会在这种环境下运作。推而广之，斯金纳提出，所有的有机体包括人类，都是刺激—反应机器，当有必要时可以通过操作条件进行控制。正如物理学家奥本海默在一次会议上戏谑地指出，心理学家控制行为犹如物理学家控制核能。当人的任何行为都可通过社会的强化予以调整时，人就失去了最珍贵的主动性，贝塔朗菲对这样的观点深恶痛绝。他指出，在过去直到希特勒时代，控制大众的意见情绪仅是统治者的一种手艺。但是在行为主义时代，它已经变成了科学。现代行为技术不是以惩罚而是以奖赏，使得他的动机成为你的动机。所以，贝塔朗菲谴责行为主义正在为极权主义行为控制提供工具。而且他还不无远见地指出：“除了物理技术的威胁，心理技术的威胁通常被忽略了，也许比原子弹的存在更危险的是导致人性堕落的心理技术。”

贝塔朗菲试图从一般系统论的角度来重新考察人类。他以开放系统模型作为出发点。如前所述，开放系统的一个重要特征，是具有自主性的活动，而不只是机械被动地对环境的变化做出反应。所有的有机体都具有这样的自主性活动，在人类身上，这种自主性活动与生物学上的本能需要或放松紧张的需要无关，而与人类特有的创造性潜能有关。行为主义学派认为刺激—反应模式足可解释所有的生命体包括人类的行为。贝塔朗菲承认，许多心理患者确实陷入了刺激—反应这一被动模式之中，或为食物和性这一本能需要所迷惑，但是，这恰恰提供了证据，只有自发行为才是正常的。

正因为生命体具有主动性，它不是被动地受制于环境，这就为人的自由意志提供了前提条件。关于自由意志，历来是哲学家们论争的课题。20 世纪初期，生理学家洛布曾以动物的向性实验来推论高等动物乃至人的大脑也受制于物理、化学条件的控制，无自由意志可言。行为主义学派同样否认自由意志的存在，而把一切行为归咎于环境的控制。斯金纳说：“一切控制都是由环境实施的，因此我们要为之努力的是设计更好的环境而非更好的人。”与之针锋相对，贝塔朗菲站在开放系统的立场上，以生命体的主动性来论证自由意志的存在，并将此看作人的最高特征，他指出：“个体的不可预言性会随着系统复杂性的增加而增加，人类作为生命系统中最复杂的事物，充满着最高的个体自由。”

忽视生命体的自发性，也就是忽视人的创造性潜能，所以，贝塔朗菲还对受刺激—反应模式影响的教育理论表示关注。在这一模式指导下，学校教育把知识塞到学生的脑袋中，仿佛学生是一个空的容器，被动地等着装填。这一模式还使得教师窒息学生的自发创造能力，把下一代培养成机器人似的消费者和无灵魂的科学家。所以，贝塔朗菲大声呼吁，教师要致力于培养每一个学生的“自然的好奇心和创造力，对于探索的欲望及其对成功的内在愉悦”。他强调：“合格的教育总是并且总将是在揭示人类潜能的意义上进行，纯粹功利性的教育最终是与人类的目标背道而驰的。”所以，“科学事业不仅要知道如何，而且还要补充人文意义上的为什么”。更进一步地，贝塔朗菲还对艺术、诗、历史等人文现象做了阐述：“它们不是短期的、有用的价值，而正是自身的目标……当人这种可怜的生物，带着动物的本能，在数千种压力下，在复杂的社会中疲于奔命时——能超越动物的也仅仅是这一无用性，但这却构成了人类的本质。”

贝塔朗菲极其重视个人创造力的培养，珍视个人的独特价值。他认为群体的工作可能是富有成效的，甚至在概念的应用上是必不可少的，但绝不是在概念的起源上，亦即群体思维不能产生新的基本发现。他指出，大多数的科学发现，都是被杰出的个人所取得的，所以人类个体这个系统在所有其他系统中拥有独特的重要价值。当今所谓的后现代主义思潮，强调每个生命都是一个独特的个体，拥有自己的世界，这一观点正与贝塔朗菲的核心思想相吻合。

正是在此意义上，贝塔朗菲反对教育领域中民主的变形，他反对“所有人都拥有相同的能力和智力”这一前提的平等意义，目的是保护个人的创造潜能，但他的这一观点却常被朋友们误解，他为此而申辩：“当我攻击平等主义原理时，请不要认为我站在精英主义、种族主义或社会达尔文主义的立场上，如果我强调这一科学事实，个体之间具有差异性，并不意味着我把这些差异看作具有优劣之分，我仅是不要个体的潜能被平等主义的风暴所碾碎，因为它把各个层次上的人都拉到了最低的起跑线上。作为一名生物学家，我认为这种平等主义是荒谬的，巴甫洛夫意识到他的实验狗显示出大量的个体差异，同样的情况也可见于人类。中国文化、东方印度文化、非洲文化深深地不同于西方文化，我绝不认为我们的文明要比他们的更好，但假装我们都是相同的这却毫无意义。”华生曾说，给我一群儿童，我可以把他们培养成医生、律师、乞丐。贝塔朗菲说，仅仅是在此意义上，我毫不怀疑华生是正确的，这就是他们将成为非常可怜的医生、律师和乞丐。

人类的独特性还体现在对符号的运用上，所以，从 1946 年开始，贝塔朗菲开始涉猎符号学领域，次年就在维也纳大学做讲演。作为一个生物学家，贝塔朗菲看到符号是我们大脑进化的独特产物。符号可能起源于原始人的巫术，通过命名事物来达到控制世界的目的，现代人使这种符号巫术达到了极致，这就是几何——一种数学语言的诞生。于是，符号产生了一个全新的进化形式，其进化速度要远远超过生物学的进化。符号具有三个本质特征：（1）符号必须是代表而不纯粹是表达一个事物，这就不同于动物的吼叫或人类自发的情感表现；（2）符号的选择没有生物学的意义，人类的符号是一种自由选择；（3）符号被传统（教育）而不是被本能所传递。

贝塔朗菲尤其对符号领域中的价值观念怀有浓厚兴趣。这是因为在他看来，我们的文明正面临一种价值危机，机械论的价值观或虚无主义的价值观全面泛滥，人类被机器所控制，从而失去人性导致机械化，于是，人类个体正在被还原成为杂志上所描述的卡通片形象，而人类社会正在被机械的社会秩序所控制。真正的价值失去了依托，宗教中传统的教堂就变成了社会的俱乐部；精神价值的缺乏，使得大学正在变成培养高度有技能的野蛮人的场所。

出于一位人文学者的关怀，同时也出于一位理想主义者的激情，贝塔朗菲认为当务之急是要重建人类特有的尊严，这就意味着拒绝接受人类所有价值来自生物学需要这一机械论观点，因为人类有一种自我实现的需要，这就超越了简单的生存需要。精神上的危机不是来自生物学需要的受挫，而是来自现代社会中生命的无意义、价值、前途、目标的失落。所以，“一个病态的社会，其特征是极其简单的，这就是它为生物学需要提供得太多，但同时却处于精神饥饿状态”。

正是在力主弘扬“人性”这一意义上，贝塔朗菲拒绝还原论。他认为，我们对自己的看法，与我们行为的方式或别人对我们的行为密切相关。一个人如果认为他只不过是物理、化学层次上的机器，他就会不愿为人类的远大目标和尊严进行努力；如果人只不过是另外一种动物，他就不会致力于使人类的创造性和同情心达到顶峰。由此可见，贝塔朗菲在他的理论中，一以贯之地体现和把握了人文主义这一信念，他的理论的出发点和结果都是围绕着这个基点展开。所以对他来说，拒绝还原论并不仅仅是一种学术上的技术处理，而是服从于一个最高信念，这就是人类的独特价值。

四、系统运动的人文价值

20 世纪以来，系统运动方兴未艾，人们往往忽略各种系统理论、派别之间的不同旨趣及价值观。追溯系统理论的历史，其实是由三个独立的运动交织而成。第一层次是一般系统论；第二层次是二战期间被英、美政府资助的系统工程和系统分析；第三层次是战争后期，随着第二次工业自动化革命带来的各种复杂的工程技术等。系统运动的成员也是多样的，他们中有生物学家、行为科学家、工程师等，分别在工业界、咨询公司、大学、思想界、政府机关等部门工作。他们教书，开讲座，写关于系统研究的不同观点的文章，加入系统科学的组织，出席会议等。但是，他们在哲学背景上大不相同。有些是有机的人文主义者，有些是机械论者，有些则不在意或不具备最微弱的信仰。当然，他们有一个共同点，这就是把思维的重心从分析转向了综合。贝塔朗菲对系统运动中的实际情景看得很清楚，他意识到，系统运动中的合作性比混乱更少，但是这是一种“孕育着生命力的混乱”，其中孕育的中心思想就是“整体性”。

从公众的角度看，系统运动中卓有成效的部分显然就是系统工程和系统技术。它们的广泛成功，证明系统概念具有实际的价值。

但另外，贝塔朗菲又痛惜系统工程的研究正在为机械论目标服务，这就意味着，尽管贝塔朗菲致力于以系统代替分析、以人性代替机械，深深厌恶无灵魂的技术，但他发现系统研究正在变成机械研究的一部分，系统科学集中于研究计算技术、控制论、自动化等，在成为人类和社会共享的技术的同时，也就失却了它原有意义上的人文性和伦理色彩。对此，贝塔朗菲引用了哲学家桑塔亚纳的一段话："具有讽刺意味的是，在已经学会控制事物以后，我们却因此而忘记了原先的出发点。"

贝塔朗菲所钟爱的事业，是要努力使系统理论融入到对人、对社会的观察思考中去。他多次论述这样的问题。比如，为什么人能有效地处理好与事物的关系却不能处理好与人的关系，为什么我们擅长技术却忽略行为和社会科学，答案就在于我们已能较好地将动态变化、相互作用等概念应用于自然或机器，却很少用于科学、社会和人类本身。所以，代沟的出现就在于父母不能看到孩子已经成长，许多婚姻解体是因为一方或双方没有洞察对方已有了新的需要或目标，许多生意的失败是因为市场出现了新变化，而许多政客陷于困境是因为他们没有预见昨天的政策已不适合今天世界的需要。

贝塔朗菲还提倡一种系统的生态观或生态道德，其中人与自然处于和谐共处状态中。在此意义上，他宣扬一种新的爱国主义，这就是要把对国家、民族的忠贞拓宽到对整个地球的关注和热爱，要以人类中的一员来思考行事，当然这不是要冲淡、稀释个体或各个民族的特性。

当我们从系统的观点考察人类特有的符号系统，如道德哲学中一个古老的命题，用非道德的手段去争取道德的结果，究竟是不是合理时，贝塔朗菲认为，这自然不合理。因为根据系统论观点，手段与目的作为一个整体，就不能分开考虑。然而，我们却不断地看到，现代社会对手段的重视甚至超过目的，如果技术本质上仅是一种手段，那么对技术的盲目依赖和开发，最终只会损害人类文明本身。

站在人文系统观的立场上，贝塔朗菲强调，人类所创造的社会系统必须服务于人类目标而不是相反，我们必须同这些系统相处，但决不是为这些系统而活。这就是人类社会和昆虫社会的本质区别，个人具有不可剥夺的权利和尊严。这是一般系统论所要达到的最高目的。当今时代，人文精神日趋式微，于是，系统理论的价值在于“有效性”而非“人文性”，它只是一种技术。相反，一般系统论拥有一套完整的价值体系，它涉猎人类精神的各个领域，它反对人类的机械化，试图为人类失去的支柱提供希望，这就是贝塔朗菲思想的永恒魅力，也是一般系统论的终极价值所在。

海德格尔指出：“真正可怕的东西并非世界成为完全技术的世界。更可怕得多的是人对这世界变化没有准备，我们还不能够沉思地达到适当地探讨在这个时代真正上升起来的东西。”贝塔朗菲就是在我们这个时代中面对技术的威胁真正对之做出沉思的思想家之一。

（作者：陈蓉霞）

参考资料

洪堡 19 世纪伟大的科学家和科学组织者

[1] H. de Terra. The Life and Times of Alexander von Humboldt [M]. New York: Alfred A. Knopf, 1955.

[2] J. Théodoridès. Humboldt and England [J]. The British Journal for The History of Science, 1966, 3 (1): 39–55.

[3] M. E. Hoare. Johann Reinhold Forster (1729–1798): Problem and Source of Biography [J]. The Society for the History of Natural History, 1971, 6 (1): 1–8.

[4] E. H. Ackerknecht. George Forster, Alexander von Humboldt, and Ethnology [J]. ISIS, 1955, 46 (2): 83–95.

[5] A. Ospovat. Werner, Abrham Gottlob [J]. Dictionary of Scientific Biography, 1981, 14: 256–264.

[6] K. R. Biermann. Friedrich Wilhelm Heinrich Alexander von Humboldt (1769–1859), Natural Science [J]. Dictionary of Scientific Biography, 1972, 6: 549–555.

贝尔纳 他和他的科学政治学

[1] S. Chatterjee. Scientist as Revolutionary [J]. Frontline, 2001, 18 (10).

[2] M. 戈德史密斯, A. L. 马凯. 科学的科学 [C]. 赵红洲, 蒋国华, 译. 北京: 科学出版社, 1985.

[3] A. Brown，J. D. Bernal. The Sage of Science [M]. Oxford：Oxford University Press. First published，2005.

[4] 王兴成，徐耀宗. 科学学五十年[M]. 沈阳：辽宁人民出版社，1987.

[5] J. D. Bernal，A Life in Science and Politics [C]. B. Swann，F. Rahamlan，eds. London：Verso，1999.

[6] J. D. 贝尔纳. 科学的社会功能[M]. 陈体芳，译. 北京：商务印书馆，1995.

[7] J. D. 贝尔纳. 历史上的科学[M]. 伍况甫，译. 北京：科学出版社，1959.

[8] 赵红洲，蒋国华. 在学科交叉处探索科学[C]. 北京：红旗出版社，2002.

[9] D. Dickson. The New Politics of Science [M]. New York：Pantheon Books，1984.

默顿　“科学社会学之父”

[1] 罗伯特 · 金 · 默顿. 论理论社会学[M]. 何凡兴，李卫红，王丽娟，译. 北京：华夏出版社，1990.

[2] R. K. Merton. George Sarton：Episodic Recollections by An Unruly Apprentice [J]. ISIS，1985，76（4）：470–486.

[3] R. K. Merton. The Sociology of Science：An Episodic Memoir [M]. Illinois：Southern Illinois University Press，1997.

[4] G. Ritzer. Sociological Theory [M]. New York：Mcgraw-hill，1996.

[5] 阎瑧. 真正的知识超越国界——访当代社会学大师罗伯特 · 默顿 [J]. 社会学研究，1992，3：1–6.

帕拉塞尔苏斯　新科学运动的领袖与怪杰

[1] A. G. Debus. Man and Nature in the Renaissance [M]. Cambridge：Cambridge University Press，1978.

[2] A. G. Debus. The Chemical Philosophy [M]. Cambridge: Science History Publications, 1977.

[3] 斯蒂芬 · F. 梅森. 自然科学史 [M]. 周煦良, 全增嘏, 傅季重, 译. 上海: 上海译文出版社, 1980.

[4] A. G. Debus. The English Paracelsians [M]. London: Oldbourne Press, 1965.

[5] G. 荣格. 人, 艺术和文学中的精神 [M]. 孔长安, 丁刚, 译. 北京: 华夏出版社, 1989.

[6] 周雁翎. 略论帕拉塞尔苏斯体系 [J]. 华中师范大学学报, 1990, S2: 39–43.

[7] C. Webster. From Paracelsus to Newton [M]. Cambridge: Cambridge University Press, 1982.

内森 · 罗森伯格　"探索黑箱"的先驱者

[1] S. B. Saul. Reviewed work: Inside the Black Box: Technology and Economics. By Nathan Rosenberg [J]. The Economic Journal, 1984, 94 (373): 179–180.

[2] N. Rosenberg. Economic Planning in the British Building Industry, 1945–1949 [M]. Philadelphia: University of Pennsylvania Press, 1960.

[3] N. Rosenberg. Technology and American Economic Growth [M]. New York: Harper & Row, 1972.

[4] N. Rosenberg. Perspectives on Technology [M]. Cambridge: Cambridge University Press, 1976.

[5] N. Rosenberg. Perspectives on Technology [J].Medical History, 1977, 87 (346): 375–376.

[6] N. Rosenberg. Inside the Black Box [M]. Cambridge: Cambridge University Press, 1982.

[7] 内森 · 罗森伯格, L. E. 小伯泽尔. 西方现代社会的经济变迁 [M]. 曾刚, 译. 北京: 中信出版社, 2009.

[8] 内森・罗森伯格. 探索黑箱：技术、经济学和历史 [M]. 王文勇，吕睿智，译. 北京：商务印书馆，2004.

H. 西蒙 为自然科学和社会科学结合而奋斗的杰出学者

[1] H. Simon. Administrative Behavior [M]. New York：Macmillan，1976.
[2] 西漾. 管理决策新科学 [M]. 北京：中国社会科学出版社，1982.
[3] H. Simon. Models of Thought [M]. New Haven and London：Yale University Press，1979.

昂萨格 何以能成为跨学科创新大师？

[1] P. C. Hemmer，H. Holden，S. K. Ratkje. The Collected Works of Lars Onsager (with Commentary)[M]. Singapore：World Scientific Publishing，1996.
[2] H. C. Longuet-Higgins，M. E. Fisher. L. Onsager：November 27，1903-October 5，1976 [J]. Biographical Memors of Fellows of The royal Society，1978，24 (1)：443–471.
[3] G. Careri. Lars，the Oracle [J]. Physics in Perspective，2000，2：204–210.
[4] M. F. Perutz. The Role of Bound Water in Hemoglobin and Myoglobin [J]. Bio Systems，1977，8：261–263.
[5] 李斌. 温家宝总理看望钱学森 [N]. 新华每日电讯，2005–07–30.
[6] L. Onsager. The Motion of Ions：Principles and Concepts [J]. Science，1969，166 (3911)：1359–1363.

贝塔朗菲 人文系统理论的先驱者

[1] L. V. Bertalanffy. Modern Theories of Development [M]. Oxford：Oxford

University Press, 1933.

[2] B. C. Coodwin,庄宝华. 生物学中的结构主义[J]. 世界科学, 1992, 2: 20-23.

[3] L. V. Bertalanffy. A Biologist Looks at Human Nature [J]. The Scientific Monthly, 1956, 82 (1): 33-41.

[4] B. F. 斯金纳. 超越自由与尊严[M]. 王映桥,栗爱萍,译. 贵阳: 贵州人民出版社, 1988.

[5] 冈特·绍伊博尔德. 海德格尔分析新时代的科技[M]. 宋祖良,译. 北京: 中国社会科学出版社, 1993.

人名对照表

（按外文姓氏的首字母排序）

A

阿布拉莫维茨——M. Abramovitz

阿格里帕——Agrippa

安培——A. M. Ampere

阿累尼乌斯——Svante August Arrhenius

阿维森纳——Avicenna

艾丁——Aydin

邦普朗——A. Bonpland

布思——A. D. Booth

博尔丁——Kenneth Ewart Boulding

布干维尔——L. A. de Bouqainville

威廉·亨利·布拉格

——Sir William Henry Bragg

大卫·布鲁斯特——David Brewster

B

巴赫——L. Bach

巴纳德 ——Chester Irving Barnard

博丹——T. N. Baudin

约翰·德斯蒙德·贝尔纳

——John Desmond. Berna

路德维希·冯·贝塔朗菲

——Ludwig von Bertalanffy

贝托莱

——Count Claude Louis Berthollet

小伯泽尔——L. E. Birdzell Jr.

彼得·布劳——Peter Blau

布卢门巴赫——F. Blumenbach

C

卡梅伦——R. Cameron

乔治·卡雷里——Giorgio Careri

卡莱尔——C. H. Carlisle

安德鲁·卡内基——Andrew Carnegie

卡文迪许——H. Cavendish

沙普塔尔——Chaptal

詹姆斯·科尔曼——James S. Coleman

可伦坡——Columbo

库珀——B. Cooper

刘易斯·科塞——Lewis Coser

罗斯·科塞——Rose Coser

居维叶——Georges Cuvier

D

戴维斯——L. Davis

德拜——Debye

德朗布尔——Delambre

迪金森——H. D. Dickinson

戴维·迪克森——David Dickson

多罗西娅——Dorothea

德雷克——Francis Drake

E

艾根——M. Eigen

艾森斯坦

——Ferdinand Gotthold Max Eisenstein

伊拉斯谟——Erasmus

F

费尔贝恩——W. Fairbairn

古斯塔夫·费希纳——Gustav Fechner

福斯特——G. Forster

弗赖斯莱本——Freiesleben

弗里德曼——M. Friedman

洛伦茨·弗里斯——Lorenz Fries

约翰内斯·弗罗本——Johannes Froben

富格尔——Fugger

富斯——R. Fuoss

G

伽桑狄——Pierre Gassendi

高斯——K. F. Gauss

吉布斯——Josiah Willard Gibbs

托马斯·吉尔林——Thomas F. Gieryn

戈尔丁——C. Goldin

阿尔文·古尔德纳——Alvin Gouldner

格雷格——L. Gregg

格雷夫——A. Greif

H

哈莱——E. Halley

哈罗德——Harold

威廉·哈维——William Harvey

阿羽衣——R. J. Hauy

亨德森——L. J. Henderson

赫舍尔——W. Herschel

赫兹——M. Herz

黑森——Hessen

希克斯——Hicks

霍奇金森——E. Hodgkinson

霍尔特——C. Holt

胡克——J. D. Hooker

查尔斯·霍普金斯

——Charles H. Hopkins

霍夫兰德——C. Hovland

休斯——J. Hughes

亚历山大·冯·洪堡
——Alexander von Humboldt
胡塞尔——Huser
赫顿——J. Hutton

J
杰弗里——J. Jeffery
乔希——G. Josh
荣格——Carl Gustav Jung

K
保罗·卡默勒——Paul Kammerer
考夫曼——B. Kaufman
亚历山大·克伦斯基
——Alexander Fyodorovich Kerensky
克尔温——J. Kerwin
凯恩斯——J. M. Keynes
克莱因——S. J. Kline
卡林·诺尔-塞蒂纳
——Karin D. Knorr-Cetina
柯尔莫哥洛夫——Andrey Kolmogorov
科普曼斯——T. Koopmans
科托夫斯基——K. Kotovsky
克劳斯——C. Kraus
科苏诺格鲁——B. Kursunoglu

L
拉格朗日——Joseph Louis Lagrange
列夫·朗道——Lev Landau
兰道——R. Landau
兰格——Lange
拉普拉斯——Pierre Simon Laplace
李比希——Justus von Liebig
林德特——P. Lindert
西摩·马丁·李普塞特
——Seymour Martin Lipest
洛布——J. Loeb
赖尔——Lyell
保罗·拉扎斯菲尔德
——Paul F. Lazarsfeld

M
马夏克——J. Marschak
莫培督——P. L. Maupertuis
麦克斯韦——James Clerk Maxwell
麦卡锡——John McCarthy
麦卡洛克——W. McCulloch
米德——J. E. Meade
海伦·梅高——Helen Megaw
卡尔·门宁格——Karl Menninger
罗伯特·金·默顿
——Robert King Merton
麦克斯·迈耶霍夫——Max Meyerhof

米勒——G. Miller
明斯基——Marvin Lee Minsky
密切利希——Mitscherlich
莫迪格里安尼——F. Modigliani
摩尔——T. More
摩根斯顿——Morgenstern
埃德加·莫兰——Edgar Morin
蒙巴顿
——Louis Francis Albert Victor Nicholas Mountbatten
莫维里——D. C. Mowery
墨索里尼
—— Benito Amilcare Andrea Mussolini

N

纳菲斯——Ibnal Nafis
冯·诺依曼 ——John von Neumann
内文斯——Nevins
纽厄尔——A. Newell
道格拉斯·诺斯——Douglass C. North

O

奥斯特——H. C. Oersted
拉斯·昂萨格——Lars Onsager
奥本海默——Julius Robert Oppenheimer

P

帕格尔——Page
帕拉塞尔苏斯——Paracelsus
塔尔科特·帕森斯——Talcott Parsons
佩鲁茨——Perutz
皮亚杰——Jean Piaget
皮帕德——A. Pippard
普朗克——Max Karl Ernst Ludwig Planck
波根多夫——Poggendorff

R

拉波波特——Anatol Rapoport
赖特——S. Reiter
里德利——C. Ridley
安蒂亚·里梅尔——Antia Rimmel
罗宾逊——Joe Robinson
内森·罗森伯格——Nathan. Rosenberg
罗思坦——M. Rothstein
罗伊斯——T. R. Roycc

S

萨塞缪尔——A. Samuel
萨缪尔森——P. A. Samuelson
桑塔亚纳——G. Santayana
乔治·萨顿——George Sarton
索绪尔——H. B. de Saussure

普朗谢雷尔——Paul Scherrer
石里克
——Friedrich Albert Moritz Schlick
施穆克勒——J. Schmookler
塞尔弗里奇——Selfridge
塞尔韦图斯——Servetus
申农——C. E. Shannon
肖——J. Shaw
赫伯特·亚历山大·西蒙
——Herbert Alexander Simon
西蒙斯——James H. Simons
乔治·辛普森——George Simpson
斯金纳——Burrhus Frederic Skinner
索罗门夫——R. Solomonff
罗伯特·索洛——R. M. Solow
索罗金——Pitirim. A. Sorokin
斯蒂芬森——R. Stephenson
斯特拉博——Strabo

T

瑟斯通——Thurstone
托马金——Y. Tomarkin
约翰内斯·特里瑟缪斯
——Johannes Trithemins

U

尤瑟定——P. Uselding
厄舍——A. P. Ushe

V

沃克兰——L. N. Vauquelin
维安——Max Vien
维塞特——W. G. Vincent
维吉尔——Virgil
沃尔塔——A. C. Volta

W

瓦格纳——M. Wagner
华莱士——J. Wallace
瓦特曼——D. Waterman
沃森——G. Watson
维尔纳——A. G. Werner
怀特海——Alfred North Whitehead
惠特克——E. Whittaker
维尔德诺夫——K. L. Willdenow
威廉森——J. Williamson
怀特——G. Wright

Z

哈里特·朱可曼——Harriet Zucherman